Sangharakshita

Einführung in den tibetischen Buddhismus

HERDER spektrum

Band 4731

Das Buch

Es hängt mit dem Charisma bedeutender Lehrer aus Tibet und dem Schicksal des tibetischen Volkes zusammen, daß der tibetische Buddhismus derzeit im Westen am meisten Interesse findet. Anderseits zeichnet gerade den tibetischen Buddhismus eine auf den ersten Blick oft verwirrende Vielfalt der Schulen, der philosophischen und praktischen Traditionen und mythologischen Vorstellungen aus. Eine gut geschriebene, solide Einführung in den tibetischen Buddhismus ist also wichtig. Hier liegt sie vor: die kompetente Darstellung der Geschichte und Entstehung der verschiedenen Schulen, der Überblick über die wichtigsten Institutionen, über die geschichtliche und gegenwärtige Funktion des Dalai Lama, über die Mönche und Laien, die tibetischen Symbole, die Grundlagen der yogischen und der tantrischen Tradition. Dem Autor gelingt es, die schier unübersichtliche Vielfalt gut übersichtlich zu machen und farbig darzustellen: Sein tiefes Wissen wird durch eigenes Erleben ergänzt: Die eigenen Erfahrungen des Autors mit dem tibetischen Buddhismus machen die spirituelle Essenz der Lehren deutlich: Er zeigt, wie sie im Alltag des tibetischen Buddhismus gelebt werden. Man erhält einen Einblick in eine faszinierende Kultur, die geprägt ist von einer reichen spirituellen Tradition, die in fast alle Lebensbereiche hineinragt. Wer dieses Buch gelesen hat, weiß alles Wesentliche über den tibetischen Buddhismus und seine Besonderheiten. Die zahlreichen erzählten Erfahrungen und Beispiele führen gleichzeitig ein in eine alte spirituelle Tradition, die ganz nahe an den Ursprüngen des Buddhismus liegt.

Der Autor

Sangharakshita, mit bürgerlichem Namen Dennis Lingwood, geb. 1925 in London. Während des 2. Weltkriegs kam er nach Indien, wo er zum buddhistischen Mönch wurde und seinen Namen erhielt. Er verbrachte 20 Jahre in Indien und ging dann nach England zurück. Dort gründete er den Orden „Freunde des Westlichen Buddhismus". Er gilt als wichtiger Mittler zwischen westlichem und östlichem Denken. Sangharakshita verbrachte lange Zeit auch bei tibetischen Lehrern.

Sangharakshita

Einführung in den tibetischen Buddhismus

Aus dem Englischen von Hans Obermann

Herder

Freiburg · Basel · Wien

This translation of *Tibetan Buddhism* is
published by arrangement with Windhorse Publications.
Einführung in den tibetischen Buddhismus erscheint mit
freundlicher Genehmigung von Windhorse Publikations.

Gedruckt auf umweltfreundlichem,
chlorfrei gebleichtem Papier

Deutsche Erstausgabe

Alle Rechte vorbehalten – Printed in Germany
© Verlag Herder Freiburg im Breisgau 2000
Umschlaggestaltung: R·M·E, Roland Eschlbeck, Liana Tucher
Umschlagmotiv: Butterlampen im Namgyal-Kloster
© Alison Wright, San Francisco
Herstellung: Freiburger Graphische Betriebe 2000
ISBN 3-451-04731-4

Inhalt

Vorwort

Mitte des achtzehnten Jahrhunderts wirkte in Lhasa eine von Kapuzinern betriebene Missionsstation. Die Tibeter zeigten sich zugänglich und aufgeschlossen für die ihnen vermittelten Glaubensinhalte. Anfangs dachten die Missionare daher, ihre Arbeit führe zu Erfolgen. Aber in dreißig Jahren gelang es ihnen nur, sechsundzwanzig Tibeter zu taufen, von denen die meisten zu ihrem Hauspersonal gehörten. Daraufhin wurde die Missionsstation aufgegeben. Das tibetische Volk blieb buddhistisch.

Mehr als zwei Jahrhunderte später verändert sich nun die religiöse Landkarte auf der ganzen Welt heftig. In vielen traditionell buddhistischen Ländern wird der Buddhismus durch Verwestlichung, in Tibet durch den Kommunismus überlagert. Im Westen ist hingegen das Christentum in Gefahr, viele Menschen bekennen sich nicht mehr zum Glauben.

Seit der Übernahme Tibets durch China, besonders seit dem Aufstand von 1959 in Lhasa, verließen auch viele Lamas des tibetischen Buddhismus ihre Heimat und kamen in den Westen. Ihre Zugangsmethode zum Dharma fand neben den anderen vielgestaltigen buddhistischen Heilswegen, die sich im Westen ausbreiten, zunehmend Beachtung. Derzeit gehört der Buddhismus zu den am schnellsten anwachsenden Religionen in der westlichen Welt. Er bietet eine Zuflucht für die spirituellen Sehnsüchte vieler Menschen, die sich nicht mehr mit den Beschränkungen ihrer alten Religionen zufrieden geben wollen, die aber auch tief enttäuscht sind von rein säkularen und materialistischen Wertsetzungen, wie sie die Gesellschaftsordnungen des Westens durchdringen.

Das westliche Interesse an Tibet beschränkt sich nicht auf

den Buddhismus. In den letzten Jahren nahm man im Westen zunehmend das schrittweise Schwinden traditioneller tibetischer Kultur wahr, das mit dem Einmarsch der Chinesen begann. Jedoch üben die Tibeter und ihre Religion über politische und humanitäre Erwägungen hinaus eine ganz besondere Faszination auf die Menschen im Westen aus.

Häufig denken die Leute bei Tibet an ein in Legenden und Geheimnisse gehülltes Land und sind von seiner spezifischen Form des Buddhismus mit bunten Riten und Symbolen bezaubert. Diese Tibet-Faszination führte im Westen zu einer Schwemme von Büchern über tibetischen Buddhismus – seine Geschichte, seine Lehren, sogar seine „geheimen" tantrischen Praktiken. Die bloße Fülle an Informationen kann aber ebensosehr zu Verwirrung als auch zu wirklichem Verständnis des tibetischen Buddhismus führen. Es ist schwer geworden, den Wald vor lauter Bäumen zu sehen und zwischen dem Wesentlichen des tibetischen Buddhismus und Aspekten zu unterscheiden, die eher mit tibetischer Kultur als mit dem Dharma zu tun haben. Buddhisten im Westen sollen im Stande sein, hinter die vordergründig exotische Fassade des tibetischen Buddhismus zu blicken, um zu erkennen, was er ihnen wirklich für ihre eigene spirituelle Praxis zu bieten hat. Wer sich dazu aufmacht, braucht einen bündigen und umfassenden Überblick über das gesamte Gebiet, von wo aus er einzelne Interessengebiete gezielt im Detail verfolgen kann. Das ist der Zweck dieses Buches.

Sangharakshita ist bestens dafür geeignet, den tibetischen Buddhismus zu erklären. Er lebte zwischen 1950 und 1964 in Kalimpong, einer nordindischen Kleinstadt mit etwa 15 000 Einwohnern, die an den Ausläufern des Himalaya liegt. Nahe an den Grenzen verschiedener Länder liegend, ist Kalimpong Begegnungsstätte unterschiedlicher Rassen und Religionen. Nach der chinesischen Übernahme Tibets zogen viele Flüchtlinge – einschließlich einer Anzahl herausragender Lamas – von Tibet nach Kalimpong und ließen sich hier nieder. Daher hatte Sangharakshita schon seit Mitte der 50er Jahre – einer Zeit, als erst wenige Menschen im Westen Kenntnisse über tibetischen Buddhismus hatten oder sich überhaupt für ihn interessierten – engen Kontakt mit geflüchteten Lamas verschiedener Schulen.

Dieses Buch basiert auf einer Reihe von Vorträgen, die Sangharakshita 1966 gehalten hat, und liefert uns deshalb seine Sicht des tibetischen Buddhismus, als er frisch aus Kalimpong kam. Er kehrte Mitte der 60er Jahre nach Großbritannien zurück und gründete dort 1967 die „Freunde des Westlichen Buddhistischen Ordens". Für diese neue buddhistische Bewegung übersetzte er traditionelle Lehren und Praktiken des Buddhismus in Formen, die den Menschen im Westen eingängig sind. In seinen Vorträgen kam die Beschäftigung mit Übersetzungen stark zum Ausdruck. Seine Darstellung des tibetischen Buddhismus scheidet klar essentiell Buddhistisches von spezifisch kulturgeprägten Formen des Ausdrucks, ohne jedoch auf die Schönheiten und das Kolorit tibetischer Formen ganz zu verzichten.

Als diese Vorträge gehalten wurden, war der tibetische Buddhismus im Westen wenig bekannt, Tibet selbst war weitgehend unzugänglich. Die Bewohner litten erst unter der damals neuen chinesischen Verwaltung und dann unter den Schrecken der Kulturrevolution. Seither hat sich vieles verändert – der tibetische Buddhismus hat sich im Westen etabliert, und Tibet hat sich geöffnet, viele Touristen haben seither das Land besucht. Abgesehen von einzelnen faktischen Details wurde kein Versuch gemacht, den Inhalt der Vorträge auf den neuesten Stand zu bringen, dies sollte dem Leser stets vor Augen stehen. Öfters wird in der Gegenwartsform von Lebensumständen erzählt, die in Wirklichkeit heute weitgehend der Vergangenheit angehören.

In der ersten Hälfte des Buches macht uns Sangharakshita mit Tibet und seinen Bewohnern vertraut. Er zeichnet die Geschichte der buddhistischen Mission dieses Landes nach und zeigt, welch langwieriger und komplexer Prozeß hier vorliegt. Er stellt die vier hauptsächlichen Schulen des tibetischen Buddhismus in ihren Grundzügen vor, faßt ihre Geschichte zusammen und gibt uns Einblicke in das Leben ihrer großen Begründer – Personen wie Padmasambhava, Milarepa und Tsong-khapa. Die Erörterung der Tugendschule (Gelugpa) führt zur Gestalt des Dalai Lama und dessen Bedeutung für das Volk Tibets. In der Folge beschreibt Sangharakshita die traditionelle Lebensweise der buddhistischen Mönche und Laien in Tibet und erkundet ihr gemeinsames verbindendes Element, das Ideal des Bodhisattva.

In den letzten vier Kapiteln des Buches werden die eher spirituellen Aspekte des tibetischen Buddhismus behandelt. Wir werden in die Symbolik der buddhistischen Kunst Tibets und ihre religiöse Funktion eingeführt. Zwei Kapitel handeln von tibetischen Meditationsübungen, zeigen die vier Wurzel-Yogas und stellen klar, was zu tantrischer buddhistischer Meditation gehört, die ja dem Namen nach gut bekannt, aber wenig verstanden ist.

Nachdem Sangharakshita die bemerkenswerte Vergangenheit des tibetischen Buddhismus nachgezeichnet hat, betrachtet er dessen Zukunft im Lichte der chinesischen Invasion und der Flucht vieler Tibeter ins Exil. Zum Schluß legt er uns dar, was wir im Westen vom tibetischen Buddhismus lernen können. Der tibetische Buddhismus läßt uns ahnen, was der indische Buddhismus auf dem Höhepunkt seiner Entwicklung vielleicht einmal war. In Indien wuchs und blühte der Buddhismus mehr als 1500 Jahre lang. Unglücklicherweise starb er dann in Indien nahezu aus, wurde aber vorher noch fast in vollem Umfang in Tibet eingeführt. So repräsentiert der tibetische Buddhismus den Höhepunkt einer 1500jährigen Entwicklung des indischen Buddhismus. Aus diesem Grunde ist er so wichtig für das Verständnis der gesamten buddhistischen Tradition.

Da nun alle hauptsächlichen östlichen buddhistischen Lehrsysteme im Westen bekannt geworden sind, empfiehlt Sangharakshita, aus allen diesen verschiedenen Quellen Inspiration zu schöpfen. Anstatt eine Einzelform des östlichen Buddhismus vorzuziehen und damit die anderen auszuschließen, sollen wir die essentiellen Lehren aller Systeme des östlichen Buddhismus verstehen lernen und sie unseren Bedürfnissen anpassen. Auf diesem Wege wird schrittweise in den westlichen Ländern ein bodenständiger, eigener Buddhismus heranwachsen. Der westliche Buddhismus wird keine Kopie des tibetischen Buddhismus sein, wird aber in vielem von den tibetischen Erfahrungen profitieren können.

Viele Menschen haben dazu beigetragen, daß dieses Buch entstehen konnte. Insbesondere möchte ich Vidyadevi meinen Dank aussprechen für wertvolle herausgeberische Unterstützung und Hilfe. Die größte Anerkennung und Dankbarkeit verdient Sangharakshita für seine Anstrengungen, den Buddha-Dharma im Westen in Theorie und Praxis allgemeinverständlich darzulegen und ihm damit den Weg zu bereiten. Es war mir ein großes Privileg, daran mitzuwirken, seine Vorträge zum tibetischen Buddhismus für eine breite Leserschaft herauszugeben.

Dharmacandra
Spoken Word Projekt
London
Juni 1996

1
Wie der Buddhismus nach Tibet kam

Diese Geschichte ist deshalb so interessant, weil sie völlig unwahrscheinlich ist. Es ist überaus bemerkenswert, daß der Buddhismus überhaupt seinen Weg von Indien nach Tibet fand. Wir sind daran gewöhnt, Tibet als buddhistisches Land, ja als das buddhistische Land schlechthin zu betrachten. Das war allerdings nicht immer so. Die Wahrscheinlichkeit, daß der Buddhismus jemals von Indien nach Tibet gelangen würde, dürfte, bevor es wirklich geschah, sehr gering gewesen sein.

Indien und Tibet liegen zwar in der Luftlinie dicht aneinander, doch in Wirklichkeit sind es verschiedene Welten. Zwischen beiden Ländern türmt sich eine ungeheure Barriere auf: der Himalaya. Diese gewaltige Gebirgskette ist 2400 km lang, bis zu 250 km breit und teilt das im Norden gelegene Tibet von Indien im Süden ab. Dadurch sind die beiden Länder voneinander isoliert. Auch die Klimate sind sehr unterschiedlich. Indien ist subtropisch, d. h., es gibt kräftigen Sonnenschein, heftige Monsunregen und Trockenzeiten. Tibet hingegen liegt in 4000 m Höhe über dem Meeresspiegel, hat klaren Himmel, frische Luft, und die Temperaturen liegen häufig deutlich unter dem Gefrierpunkt.

Verschiedene Klimazonen bedingen verschiedene Lebensweisen. Indien war und ist ein Agrarland. Ackerbau wird dort seit jeher betrieben, die Bewohner leben seßhaft und ruhig in Tausenden von kleinen Dörfern. In Tibet hingegen ist man hauptsächlich von der Weidewirtschaft abhängig. Man hielt große Herden Schafe und Yaks und lebte nomadisch, man mußte große Flächen zu Pferde durchqueren, um sich in Zelten auf neuen Weidegründen niederzulassen. Inder und Tibeter gehören auch verschiedenen ethnischen Gruppen an. Im

Norden wird Indien von Indoeuropäern, im Süden von drawidischen Völkern bewohnt. Die Tibeter bilden eine Untergruppe der mongolischen Völker, zu der auch die Burmesen und die Newar Nepals gehören.

All diese Faktoren drücken sich in den deutlichen Temperamentsunterschieden zwischen Indern und Tibetern aus. Auch auf die Gefahr hin, zu sehr zu generalisieren, möchte ich sagen, Inder tendieren, im weitesten Sinne gesehen, eher zum Mystischen. Sie sind sich der Gegenwart einer höheren spirituellen Welt oder transzendenter Dimensionen sehr bewußt. Wenn man in Indien jemanden zufällig trifft, etwa im Bus oder Zug, oder einfach nur auf der Straße, kann man sehr schnell ein Gespräch über religiöse oder mystische Angelegenheiten beginnen. Das ist genau die Sprache, die die Inder verstehen, die Perspektive, die ihnen naheliegt, in gewisser Weise als vorgegeben betrachtet wird. Wenn es um praktische Dinge geht, wirken sie gelegentlich ziemlich geistesabwesend und hilflos. Wenn man hingegen in Begriffen letzter Wirklichkeiten zu ihnen spricht, wird man voll und ganz verstanden.

Der Charakter der Tibeter ist ganz anders. Im Westen hält man Tibeter für exotische, mysteriöse Menschen andersweltlicher Natur. Wir stellen uns vor, daß sie, wenn sie nicht gerade über dem Boden schweben oder durch die Lüfte sausen, gerade damit beschäftigt sind, ihr drittes Auge zu öffnen. In Wirklichkeit sind sie überhaupt nicht so. Aus meinen Erfahrungen vom Leben mit Tibetern in Kalimpong könnte ich mir keine praxisbezogeneren Menschen auf Erden vorstellen. Sie sind gestandene Geschäftsleute; auch die Mönche sind in der Lage, komplexe Geschäftsabläufe zu steuern. Wenn es um praktische Aufgaben geht, selbst wenn sie derartiges nie zuvor erledigen mußten, knien sie sich hinein, sammeln alle nötigen Informationen und lösen das Problem bestmöglich. Tibeter, die nach Indien kommen, werden oft gute Automechaniker; sie haben ein gutes Gespür für alles Mechanische. Inder sind eher mystisch geprägt und etwas abgehoben (die Sikhs bilden eine Ausnahme), wohingegen die Tibeter praktische Leute sind, die mit beiden Beinen fest auf der Erde stehen. Wie wir in den folgenden Kapiteln sehen werden, bezieht sich die Art der Tibeter, praktisch und bodenständig zu denken, auch auf ihre religiösen Lebensäußerungen.

Außerdem sind Inder, besonders Hindus, von Hause aus friedfertige Menschen. Der einzelne denkt gar nicht daran, sich in Handgreiflichkeiten verwickeln zu lassen. Streitigkeiten werden in Indien auf der Straße in der Regel verbal ausgetragen. Die Streithähne schreien sich vielleicht gegenseitig an, umtänzeln einander aufgeregt und gehen äußerstenfalls so weit, einander an den Haaren zu ziehen, aber Schlägereien entstehen so gut wie nie daraus. Hingegen geben sich Tibeter eher kriegerisch und aggressiv, sogar großmäulig und draufgängerisch. In Kalimpong pflegten einige der Flüchtlinge herumzustolzieren, als hätten sie diesen Ort erobert. Viele von ihnen trugen Kurzschwerter und gaben sich auf der Straße großtuerisch, sie rempelten Inder, die ihnen in den Weg kamen, rüde beiseite oder stießen sie sogar um. Die Leute lernten, sich vor den Tibetern zu hüten, besonders vor den Khampas aus Ost-Tibet.

Damals lehrte ich in Kalimpong tibetische Studenten Englisch. Gelegentlich ließ ich sie Sätze vollenden nach dem Muster: „Ich ... meinen Bruder". In neun von zehn Fällen füllten sie den Satz mit „tötete", so daß „Ich tötete meinen Bruder" dastand. Ich war mit einem Nepalesen befreundet, der als Polizeiarzt im örtlichen Krankenhaus arbeitete. Er erzählte mir, jede Woche habe er mit den Folgen von mindestens zwei Messerstechereien innerhalb der tibetischen Gemeinde, die damals 2000 Köpfe zählte, zu tun. Gelegentlich endeten diese Messerstechereien tödlich.

Nach meiner Erfahrung sind tibetische Buddhisten also grimmige Gesellen, ich möchte sagen, rauh an den Kanten. Inder sind viel sanfter und kultivierter. Auch die, welche einer einfachen bäuerlichen Betätigung nachgehen, besitzen häufig mehr wirkliche Bildung als mancher Europäer. Im Vergleich halte ich die Tibeter insgesamt eher für ungehobelt, obwohl Mitglieder der Aristokratie von Lhasa teils sehr intellektuell sind.

Als der Buddhismus nach Tibet kam, traf er also auf eine völlig verschiedene Kultur und Lebensart. Buddha erhob sich, nachdem er die Erleuchtung erlangt hatte, über alle Unterschiede von Rassen und Nationen. Er erreichte, er verwirklichte etwas rein Spirituelles, etwas Transzendentes. Gleichwohl ist der Buddhismus eine Religion, deren indischer Ursprung sich auf vielfältige Weise bemerkbar macht. Er reflektiert indische Denkweisen, von indischer Kultur geprägte Einstellungen und Gegebenheiten. Wenn wir buddhistische Texte, beispielsweise die großen Mahāyāna Sūtren lesen, begegnen wir der typischen indischen Tendenz zu Übertreibungen. Wenn also eine Geschichte erzählt wird, sagen wir von einer Frau mit vielen Kindern, hat sie vielleicht am Anfang der Erzählung zwölf Kinder. Der Autor läßt es aber damit nicht genug sein, im weiteren Verlauf spricht er von zwanzig, fünfzig und gar hundert Kindern. Diese Form ausschmückender, steigernder Übertreibung ist spezifisch indisch.

Im Hinblick auf die großen Unterschiede zwischen Indern und Tibetern und den Umstand, daß der Buddhismus nach einer mehr als 1500jährigen Geschichte in Indien so viele indische Charakteristika aufwies, möchte man meinen, der indische Buddhismus sei die letzte Religion, die die Tibeter annehmen würden. Sie taten es seltsamerweise – wie es erscheinen mag – dennoch. Es hat allerdings eine sehr lange Zeit in Anspruch genommen, ein Umstand, der häufig nicht genug bedacht wird. Es war nicht so, daß eines Tages jemand aus Indien gekommen wäre, Buddhismus gepredigt hätte, und ein paar Jahre später wären die Tibeter alle zu Buddhisten geworden. Die Tibeter, besonders der Adel der Tibeter, leisteten beachtlichen Widerstand, so daß der Buddhismus als Religion Tibets einen langen und oftmals schwierigen Entstehungsprozeß hinter sich hat.

Vielleicht kann uns dies im Westen als nützliches Beispiel dienen. Vielleicht geht uns vieles zu langsam. Der Buddhismus ist im Westen seit einem Jahrhundert bekannt, und wir scheinen noch nicht besonders weit mit ihm gekommen zu sein. Aber im Falle Tibets hat es weitaus länger gedauert. Tatsache ist, die bloße Einführung des Buddhismus in Tibet hat ungefähr 500 Jahre lang gedauert. Das ist viel länger, als beispielsweise die Einführung des Christentums in Britannien gedauert hat. Die angesprochene 500jährige Periode, vom siebten bis zum elften Jahrhundert, war eine Zeit dauernder politischer Umwälzungen. Das war kein Zufall, denn mancher Umsturz war direkt mit der Einführung des Buddhismus verknüpft.

Im Osten war damals – wie im Westen – die Monarchie die vorherrschende Regierungsform. (Überall im Osten, wo der Buddhismus zur Blüte gelangte, tat er dies unter dem Patronat mächtiger Könige.) Dies gilt für Indien, wo der Buddhismus seine größte Förderung durch Kaiser Aśoka erhielt, es gilt ebenso für China und Japan, und es gilt für Tibet. Die Einführung des Buddhismus nach Tibet wird besonders mit vier religiösen Königen, den sog. *dharmarājas* in Verbindung gebracht. Diese Könige kooperierten mit indischen und tibetischen Mönchen und Gelehrten. Die ersten drei dieser Könige beherrschten ganz Tibet, der vierte war König von West-Tibet, nachdem das Land in eine Reihe kleiner Staatsgebilde zerfallen war.

Der erste religiöse König Tibets war Songtsen Gampo, der im siebten Jahrhundert regierte. Er war ein bemerkenswerter Mann. Seine erste Leistung bestand darin, die von seinem Vater begründeten politischen und administrativen Reformen fortzusetzen. Bis zu dieser Zeit war Tibet in eine Anzahl feudaler Fürstentümer zersplittert, aber Songtsen Gampo setzte das Werk seines Vaters fort, sie nach und nach zu vereinigen. Die Verwaltung wurde zentralisiert, und Tibet wurde eine politische Macht mit militärischer Schlagkraft, die von allen ihren Nachbarn sehr gefürchtet wurde.

Das war an sich schon eine große Leistung, genügte aber Songtsen Gampo nicht. Damals war Tibet umgeben von einer Reihe hochzivilisierter Länder: Khotan im Nordwesten, Kaschmir (ein unabhängiges Königreich) im Westen, Nepal im Südwesten (dahinter natürlich Indien) und im Osten das chinesische Großreich der Tang-Dynastie. Alle diese Reiche waren damals buddhistisch und hatten ein hohes kulturelles und zivilisatorisches Niveau. Songtsen Gampo konnte dieses nicht übersehen. Zwar war Tibet vereint und besaß eine beachtliche militärische Stärke, kulturell und wirtschaftlich jedoch war es allen seinen Nachbarn deutlich unterlegen.

Daher beschloß Songtsen Gampo ein Programm sozialer Reformen und kultureller Entwicklung. Als erstes ordnete er eine Landverteilung an, die zu Lasten des Adels und der Großgrundbesitzer den einfachen Bauern zugute kam. Gleichzeitig propagierte er den Ackerbau, um die nomadischen Viehhirten zur Seßhaftwerdung zu motivieren. Er förderte Handwerksberufe wie Weberei, Maurerei und Zimmerei. Er verbot blutige Sportarten – hier werden seine Sympathien für den Buddhismus erstmals deutlich. Ein weiterer alter tibetischer Brauch, der des Gesichterbemalens, wurde ebenfalls von ihm verboten. Damals bemalten tibetische Männer und Frauen ihre Gesichter leuchtend rot. Songtsen Gampo hielt diesen Brauch für ziemlich unzivilisiert und verbot ihn daher.

Im Verlauf seiner Reisen und Feldzüge beobachtete Songtsen Gampo, daß die Kulturen der umliegenden Länder hochgradig vom Buddhismus geprägt waren, daher entschied er, der Buddhismus müsse auch in Tibet eingeführt werden. Seine beiden Hauptfrauen, eine nepalesische und eine chinesische Prinzessin, unterstützten ihn bei diesem Vorhaben. Was geschehen wäre, wenn die Frauen des Königs eine andere als die buddhistische Religion gehabt hätten, muß eine offene Frage bleiben; beide waren fromme Buddhistinnen. In der tibetischen Kunst werden sie häufig ihren Gatten Songtsen Gampo beidseitig flankierend dargestellt.

Seiner nepalesischen Frau erbaute Songtsen Gampo in Lhasa das Jokhang, wörtlich „das Haus des Herrn". Europäische Autoren nennen es oft „die Kathedrale von Lhasa". Es handelt sich um das älteste sakrale Bauwerk der tibetischen Hauptstadt. Die Tibeter halten es für das heiligste. Der chinesischen Frau baute er einen kleineren Tempel, der als Ramoche bekannt ist. In diesen Tempel wurden Bildnisse von Akṣobhya und Śākyamuni aus den Herkunftsländern der beiden Frauen aufgestellt. Während der chinesischen Kulturrevolution wurden diese Tempel beschädigt. Später schmuggelten fromme Tibeter die beschädigten Köpfe zweier großer Bildnisse, die sich 1300 Jahre dort befunden hatten, nach Indien und überbrachten sie dem Dalai Lama. Sie bestanden aus bemaltem Stuck und waren nur leicht beschädigt. Ich kann mich erinnern, daß viele Inder von den in den Zeitungen veröffentlichten Photographien tief ergriffen waren.

Im Laufe seiner Regierungszeit erbaute Songtsen Gampo viele andere Tempel, es waren die ersten buddhistischen Tempel in Tibet. Er sandte sogar eine Gruppe junger Tibeter nach Kaschmir, das damals einen guten Ruf in bezug auf buddhistische Lehranstalten hatte, um dort Buddhismus zu studieren. Aber wegen der Unbilden des Klimas (Kaschmir ist ausgesprochen heiß im Vergleich mit Tibet, auch wenn es dort für indische Verhältnisse kühl ist) überlebte nur einer aus der Gruppe, um nach Tibet zurückzukehren. Es handelte sich dabei um Tönmi Sambhota, der etwa um 632 das tibetische Alphabet erfand. Bis zu dieser Zeit hatten die Tibeter keine Schrift und daher natürlich auch keine Literatur. Tönmi Sambhota ersann die tibetische Schrift nach dem Vorbild indischer Schriftsysteme, besonders der Śāradā-Schrift, mit der er während seines Aufenthaltes in Indien vertraut geworden war. Es entstanden nun die ersten tibetischen Übersetzungen indischer buddhistischer Texte. Nach der Überlieferung wurde als erster Text das *Maṇi Kabum* übersetzt. Maṇi bezieht sich auf das Mantra „oṃ maṇi padme hūṃ", Kabum bedeutet 100 000 Wörter, denn der Text ist eine Art Enzyklopädie über dieses Mantra – wie es entstand, was es bedeutet, wie es vorgetragen werden soll, usw. Zu dieser Zeit wurden aus China auch Papier und Tinte, Malerei und Bildhauerei eingeführt.

Daher kann man Songtsen Gampo praktisch als Begründer der tibetischen Kultur ansehen, zumindest in ihren Grundlagen. Darüber hinaus erließ er eine neue zivile Gesetzgebung, die schriftlich fixiert wurde, und stellte sicher, daß die ethischen Vorschriften des Buddhismus in weiten Teilen seines Herrschaftsgebietes gelehrt wurden. Aber es gab damals weder buddhistische Klöster noch Mönche in Tibet. Songtsen Gampos Interesse am Buddhismus scheint mehr kulturell als religiös geprägt gewesen zu sein. Beim damaligen Entwicklungsstand Tibets war dies naheliegend. Spirituelles Leben kann sich erst entwickeln, wenn ein bestimmter kultureller Standard – im Sinne nicht von materiellen Verbesserungen, sondern von der Veredlung der gesamten Lebensführung des einzelnen – erreicht worden ist. Aber auch unter Berücksichtigung dieses wichtigen Vorbehaltes ist die Bedeutung Songtsen Gampos kaum zu überschätzen. Er legte die Grundlagen für die tibetische Gesellschaft, für Kultur und Literatur, und für den tibetischen Buddhismus – eine außerordentliche Leistung für einen einzelnen. Die Tibeter drücken ihre Dankbarkeit gegenüber Songtsen Gampo bis heute damit aus, daß sie ihn als Manifestation des großen Bodhisattva des Mitleids, Avalokiteśvara, ansehen. (Auch der Dalai Lama ist eine solche, jüngere Manifestation.)

Songtsen Gampos Arbeit kam nach seinem Tode nicht zum Stillstand. Immer mehr monastische indische Texte wurden ins Tibetische übersetzt. Nun kamen Mönche aus verschiedenen Nachbarländern, auch Flüchtlinge aus Khotan, wo Buddhisten von den muslimischen Horden, die damals Zentralasien zu überschwemmen begannen, verfolgt und mit dem Schwert enthauptet wurden. Gleichzeitig kam in Tibet selbst eine wachsende Opposition gegen den Buddhismus unter den Anhängern der einheimischen Bön-Religion auf. Diese Opposition wurde besonders von den adligen Familien getragen, die die wachsende Macht und das Prestige der buddhistischen Monarchie ablehnten, sowie von den Bön-Priestern, die ihren Lebensunterhalt gefährdet sahen.

Der zweite religiös orientierte Herrscher Tibets, Trisong Detsen, lebte im achten Jahrhundert. Er war ein glühender Verfechter des Buddhismus, wurde aber zu Anfang seiner Regierungszeit durch die feindselige Haltung von seiten der Bekenner der Bön-Religion behindert. Er lud Śantaraksita, den indischen Gelehrten und Lehrer, nach Tibet ein, der heutzutage am besten bekannt ist als Autor des *Tattvasaṃgraha*, eines bedeutenden Werkes der Philosophie des Mahāyāna-Buddhismus. Leider war die Mission des Śantarakṣita nicht besonders erfolgreich. Er besuchte verschiedene Orte, sprach dort über Buddhismus, hielt Vorlesungen ab, aber dann brach eine Epidemie im ganzen Lande aus. Dies kam den Bön-Priestern sehr gelegen. Sie sagten: „Ihr seht, was geschieht. Kaum kommt dieser buddhistische Lehrer, schon kommt eine Epidemie! Die Geister sind zornig." Śantarakṣita konnte darauf keine Antwort geben und wußte, daß ein neuer Versuch nötig sei. Er riet dem König, den großen indischen Meister Padmasambhava nach Tibet einzuladen (er lebte damals in der Schule von Nālandā bei Bodh Gayā).

Padmasambhava ist eine der bemerkenswertesten Gestalten in der Geschichte des Buddhismus. Er war nicht nur ein bedeutender Gelehrter, vollendeter Redner und Philosoph. Er war ebenso ein ausgezeichneter, in Meditation erfahrener Yogi und ein Mystiker. Er war ein großer Meister der okkulten Wissenschaften und gemäß der Überlieferung war er auch ein Zauberer, der Beachtliches vollbrachte. Er hielt sich nur achtzehn Monate in Tibet auf, brachte aber in dieser Zeit die Bön-„Geister" unter seine Kontrolle. Er nahm viele von ihnen in das tantrische buddhistische Pantheon auf, indem er sie zu schützenden Gottheiten für den buddhistischen Glauben erklärte.

Solche Geschichten sollten wir nicht mißverstehen als legendenhafte Verbrämung historischer Fakten. Diese Geschichte hat vielmehr eine grundlegende psychologische und spirituelle Bedeutung. Was ist Bön? Wofür steht diese Religion? Allgemein ausgedrückt ist es die einheimische, schamanistische Züge tragende Religion Tibets. Schamanistisch geprägte Religionen sind eng verzahnt mit der Psyche derer, die sie praktizieren. Man kann soweit gehen und sagen, die Götter oder „Geister" der Bön-Religion seien in gewisser Weise Archetypen des kollektiven tibetischen Unbewußten. Ihre Feindschaft gegenüber dem Buddhismus ist nach dieser Betrachtungsweise Ausdruck des unbewußten Widerstands der tibetischen Psyche gegen die höheren und spirituelleren Ideale des Buddhismus. Die Tibeter konnten diese nicht alle auf einmal annehmen. Die tibetische Mentalität war grundverschieden von der indischen. Daher erhoben sich Widerstände. Diese äußerten sich symbolisch auf der Ebene der Archetypen, wenn es heißt, daß der Widerstand und die Feindschaft der Bön-Götter eine Epidemie erzeugten.

Śantarakṣita war ein bedeutender Mann, aber er hatte auch seine Grenzen. Als Gelehrter, als Philosoph, war er imstande, das Bewußtsein der Tibeter anzusprechen, er war aber außerstande, gleichzeitig mit den unbewußten Widerständen gegen die buddhistischen Ideale fertig zu werden. Padmasambhava hingegen war nicht nur ein überragender Gelehrter und Philosoph, er war auch Yogi und Mystiker. Deshalb konnte er in tiefere Seelenschichten vorstoßen zu den Kräften, die im kollektiven Unbewußten der Tibeter maßgebend waren. Es gelang ihm, die Bön-Gottheiten und die Kräfte, für die sie standen, in den Buddhismus zu integrieren. Darüber hinaus machte er die Energien dieser Archetypen dem spirituellen Leben nutzbar.

Nachdem die Bön-„Geister" zum Buddhismus „übergetreten" waren, gründeten im Jahre 779 Padmasambhava und Śantarakṣita zusammen das erste tibetische Kloster in Samye. Samye wurde 787 fertiggestellt, es wurde nach dem Vorbild des indischen Odantapuri-Klosters gestaltet. Vieles davon wurde in jüngster Zeit durch Chinesen zerstört. Ein Film, den der indische Gesandte in Lhasa drehte, zeigt das Kloster Samye in voller Schönheit. Es erinnert an die großen monastischen Lehranstalten Indiens zur Blütezeit des Buddhismus. Śantarakṣita und Padmasambhava ordinierten sieben Tibeter zu buddhistischen Mönchen und gründeten damit den tibetischen Sangha (Mönchsorden).

Allein durch die Kraft seiner Persönlichkeit drückte Padmasambhava dem tibetischen Buddhismus seinen Stempel auf. Obwohl er nur achtzehn Monate in Tibet verbrachte, behaupten die Tibeter, er sei 35 Jahre bei ihnen gewesen. Vielleicht hinterließ er in den achtzehn Monaten einen so starken Eindruck, als sei er 35 Jahre dort gewesen. Man bezeichnet ihn der Überlieferung nach als den Gründer der Nyingmapa-Schule, aber alle Schulen und Sekten des tibetischen Buddhismus verehren ihn. Wo auch immer man in Tibet einen buddhistischen Tempel betritt, trifft man auf ein Bildnis des großen Guru Padmasambhava.

Es handelt sich dabei um ein besonders charakteristisches Bildnis, so daß man geneigt ist, sich den Dargestellten so zu Lebzeiten vorzustellen. Die Details sind stets dieselben. Dargestellt wird ein gutgebauter Inder in den besten Jahren und mit den leicht mongolischen Zügen der Leute aus Ost-Bengalen. Er hat einen hängenden Schnurrbart und kleinen Kinnbart, seine Gesichtszüge zeigen einen Anflug von Wildheit. Er trägt Prinzen-Kleider mit einer Lotus-Kappe, auf die eine Geierfeder aufgesteckt ist. Gelegentlich hält er eine blutgefüllte Schädelkalotte, manchmal einen Dolch und öfters den Dorje, den Diamant-Donnerkeil. In der Armbeuge trägt er einen Stab mit drei Totenschädeln (Khaṭvāṅga). Diese Bilder erwecken den Eindruck einer bemerkenswerten, lebendigen, starken, aktiven und machtvollen Persönlichkeit. Man kann Padmasambhava nicht mit jemand anderem verwechseln.

Ein weiteres bemerkenswertes Ereignis der Regierungszeit des Trisong Detsen wird von westlichen Gelehrten als das „Konzil von Lhasa" bezeichnet. In Wirklichkeit war es eher eine Debatte als ein Konzil und fand in Samye statt. Die Debatte wurde zwischen Kamalaśīla, einem indischen Schüler Śantarakṣitas, und einem chinesischen Mönch geführt, der in Tibet unter Mißbilligung einiger tibetischer Buddhisten die chinesische Ch'an-Schule (Vorläufer der japanischen Zen-Schule) predigte. Im Jahre 792 wurde eine Diskussion zwischen Kamalaśīla und dem Ch'an-Mönch arrangiert. Wir besitzen detaillierte Aufzeichnungen dieses Ereignisses. Bei dem Streitgespräch ging es in der Hauptsache darum, ob Erleuchtung allmählich und stufenweise stattfindet oder ob es sich dabei um ein plötzliches Ereignis handelt. Gemäß seiner Tradition plädierte der indische Gelehrte für stufenweise Erleuchtung in der Weise der Befolgung der Lehre vom achtfachen Pfad, der Folge der zehn Pāramitās (Vollkommenheiten) usw. Der chinesische Mönch dagegen argumentierte, dies alles passiere gleichzeitig.

Die Debatte sollte von König Trisong Detsen entschieden werden, und dieser entschied sich für Kamalaśīlas Ansichten. Trotzdem meinen die, die die Aufzeichnungen gelesen haben, daß auch der chinesische Ch'an-Meister seine Sache gut vorgebracht hatte. Wenn man die Sache unvoreingenommen und objektiv betrachtet, könnte man sagen, daß die beiden Auffassungen zwar eine Unterscheidung machen, aber nicht wirklich unterschiedlich sind. Erleuchtung erfolgt weder langsam noch schnell, die Kategorie „Zeit" spielt hierbei keine Rolle. Aber der König entschied sich für Kamalaśīla als Gewinner der Debatte.

Weiterhin entschied Trisong Detsen, von nun an solle der tibetische Buddhismus der Sarvāstivāda-Schule (eine der größeren Hīnayāna-Schulen) in bezug auf deren Vinaya (Disziplin, Ordenszucht) folgen, den Mahāyāna-Schulen Mādhyamika und Yogācāra in Philosophie und Metaphysik und dem Tantrismus, dem Vajrayāna, in der Durchführung von Meditationen. Auf diesem Wege wurde eine Synthese der drei Yānas (Fahrzeugen des Buddhismus) etabliert. Diese drei Aspekte buddhistischer Praktiken sah man als fortschreitende Stufen auf dem spirituellen Pfad an. Erst sollte man der Sarvāstivāda-Disziplin folgen, dann die Philosophien der Mādhyamika- und Yogācāra-Schule studieren, schließlich tantrische Meditation üben. So werde das spirituelle Leben abgerundet. Somit fanden während der Regierungszeit Trisong Detsens drei wichtige Ereignisse statt: Das zunächst überwiegend kulturelle Interesse am Buddhismus verschob sich allmählich hin zu einem religiösen Interesse, der Mönchsorden wurde eingeführt, der triyānische Charakter des tibetischen Buddhismus wurde festgelegt.

Der dritte religiös interessierte König Tibets war Ralpachen, der im 9. Jahrhundert regierte. Er war ein wohl noch eifrigerer Buddhist als Trisong Detsen und tat eine Menge für die Festigung des Buddhismus. Er errichtete weitere Tempel und Klöster und förderte buddhistische Kunst und buddhistisches

Kunsthandwerk. Seine wohl wichtigste Tat aber war die Einsetzung einer dauernden Kommission zur Übersetzung der Schriften. Man konnte nun nicht mehr nach Lust und Laune Sanskrit erlernen und buddhistische Texte ins Tibetische übersetzen. Vielmehr bedurfte es einer Erlaubnis dieser Kommission, die Regeln für die Übersetzungen vorgab. Sie stellte ein Glossarium (das erhalten ist) buddhistischer Fachausdrücke in Sanskrit und Tibetisch zusammen, wodurch die Übersetzung buddhistischer Texte in das Tibetische reglementiert und vereinheitlicht wurde. Beispielsweise entschied diese Kommission, das Sanskrit-Wort „Dharma" sei mit „Chos" zu übersetzen, niemand durfte es fortan anders wiedergeben. Auf diese Weise ging man in Tibet den Hindernissen aus dem Weg, die sich englisch- bzw. deutschsprechenden Schülern des Buddhismus stellen. Wenn man im tibetischen Text „Chos" liest, weiß man, daß „Dharma" gemeint ist. Englische Übersetzungen geben Dharma mit „Law" („Gesetz"), mit „Doctrine" („Lehre"), gelegentlich mit „Truth" („Wahrheit") oder auch „Norm" („Norm") wieder. Anfänger wissen oft nicht, was sie davon halten sollen, da ein und dasselbe Wort in so vielen Übersetzungen verschiedenster Übersetzer unterschiedlich wiedergegeben wird. Durch die Zusammenstellung eines Glossariums, dem zu folgen war, vermied die tibetische Kommission derartige Verwirrungen und ermöglichte dadurch ein effizientes Studium des Buddhismus.

Unglücklicherweise wurde König Ralpachen, während er noch mit der Umsetzung seiner Ideen beschäftigt war, aufgrund einer Verschwörung der Bön-Anhänger ermordet. Ihm folgte 836 sein Bruder Langdarma, der ganz und gar gegen den Buddhismus war, auf den Thron. Nun begann eine Zeit der Verfolgung. Buddhistische Tempel und Klöster wurden aufgelöst, Mönche getötet oder vertrieben, Schriften verbrannt. Als Ergebnis war der Buddhismus in Tibet für fast zwei Jahrhunderte praktisch erloschen, besonders in Zentral-Tibet. Während dieser vielen dunklen Jahre wurde die Flamme des Dharma nur von wenigen frommen Gläubigen genährt und am Überleben gehalten.

Es war eine Zeit großer politischer Umwälzungen, und schließlich zerbrach das Reich in eine Anzahl kleiner Fürstentümer. Es war ebenso eine Zeit religiöser Wirrnisse. Aus Kaschmir kamen Wanderprediger und verbreiteten einen hinduistisch geprägten Tantrismus, vermischt mit fragwürdigen Praktiken, die dem Tantrismus einen schlechten Ruf verschafft haben. Selbst eigentliche Buddhisten, die noch in Tibet überlebt hatten, wurden mehr und mehr entwurzelt und korrumpiert, was einer Reihe ernsthafter und aufrichtiger Buddhisten schwere Sorge bereitete. Als die Verhältnisse ein wenig zur Ruhe gekommen waren, entschieden sie unter dem Schutz des vierten religiösen Königs von Tibet, Yeshe Ö, den großen Lehrer Atīśa aus Vikramaśīla, einer der großen Mönchsschulen Nordost-Indiens, nach Tibet einzuladen.

Yeshe Ö war im elften Jahrhundert König in West-Tibet. Dem Buddhismus war es hier während der Zeit der Verfolgung etwas besser ergangen und Yeshe Ö tat innerhalb seiner Landesgrenzen viel dafür, ihn wiederzubeleben und zu verbreiten. Er ging sogar so weit, selbst Mönch zu werden. Dann kam es zu einer dramatischen Kehrtwendung. Gegen Ende seines Lebens machte er sich zu einer Expedition auf, um von seinen Untertanen die ungeheure Summe Gold aufzutreiben, die nötig war, um Atīśa aus Indien zu holen. Aber während dieser Reise wurde er von einem benachbarten muslimischen König gefangengesetzt, der ihm ein Ultimatum setzte. Er sollte sich entweder zum Islam bekehren oder sein Gewicht in Gold als Lösegeld bezahlen.

Selbstverständlich kam es für Yeshe Ö überhaupt nicht in Frage, Moslem zu werden. Aber wie sollte er das Lösegeld aufbringen? Der Neffe des Königs war ihm sehr ergeben und beschloß, soviel Gold wie möglich aufzutreiben. Aber selbst in einem Land mit Goldvorkommen ist es nicht leicht, das Gewicht eines Mannes in Gold aufzubringen. Im Laufe von Monaten und Jahren trug er eine große Menge zusammen. Als er dann den König im Verlies besuchte, in dem dieser schon jahrelang gefangengehalten worden war, stellte er fest, daß das gesammelte Gold lediglich für den Körper seines Onkels, nicht aber auch für dessen Kopf ausreichte. Er fragte: „Was soll ich tun? Soll ich eine letzte Anstrengung unternehmen, um noch mehr Gold zusammenzubringen?" Aber der König sprach zu ihm: „Ich bin schon ein sehr alter Mann, und ich hatte noch nicht die Gelegenheit, mein Leben dem Dharma zu opfern. Mach Dir um mich keine Sorgen mehr. Gib das Gold nicht meinen Kerkermeistern. Verwende es statt dessen, um Atīśa nach Tibet zu bringen." So geschah es. Als nun der muslimische König erfuhr, daß er kein Gold bekommen würde, ermordete man Yeshe Ö.

So kam Atīśa, der größte buddhistische Lehrer Indiens dieser Zeit, nach Tibet und blieb dort zwölf Jahre, bis er starb. Er arbeitete hart und erreichte eine ganze Menge. Er reformierte die Mönchsdisziplin, reinigte die tantrischen Praktiken, gründete die Kadam-Schule und schrieb eine Reihe spiritueller Unterweisungsbücher für die Tibeter. Hauptsächlich durch den Einfluß von Atīśa lebte der Buddhismus in Tibet wieder kräftig auf. Ende des elften Jahrhunderts begründeten Marpa und Milarepa die Kagyüpa-Schule. Khön Könchog Gyalpo gründete die Sakyapa-Schule. Nach so vielen Kämpfen, Siegen und Niederlagen, Rückschlägen und Erfolgen konnte sich nunmehr der Buddhismus in Tibet fest etablieren (zur selben Zeit eroberten in Europa die Normannen England). Von nun an blieb in Tibet der Buddhismus die nie ernsthaft in Frage gestellte vorherrschende Religion, bis dort in den 1950er Jahren von den Chinesen der Kommunismus eingeführt worden ist.

2
Die Schulen des tibetischen Buddhismus

Der tibetische Buddhismus läßt sich grob in vier größere „Schulen" einteilen. Da der Terminus „Schule" vielleicht mißverstanden werden könnte, sollten wir klären, was in diesem Kontext darunter zu verstehen ist. Ich habe mich für das Wort „Schulen" entschieden, um das Wort „Sekten", das landläufig einen pejorativen Klang hat, zu vermeiden. Wir könnten ebensogut von vier großen „Traditionen" des tibetischen Buddhismus sprechen. Keine dieser Bezeichnungen ist völlig zufriedenstellend. Wir stellen uns Sekten und Schulen einer Religion gewöhnlich so vor, daß sie sich in Mitgliedschaft und Lehre gegenseitig ausschließen. Wer zu einer gehört, kann in der anderen nicht Mitglied sein, und was hier gelehrt wird, wird dort verworfen. Dies gilt aber nicht für den Buddhismus, weder für den tibetischen, noch für den indischen, der für die tibetische Tradition zum Vorbild wurde.

Es ist sehr schwierig, Aufstieg und Fall, Entwicklung und Blüte der verschiedenen Traditionen der Schulen des indischen Buddhismus nachzuzeichnen. Die Überlieferungsstränge kreuzen und überlappen sich immer wieder wechselseitig, fließen ineinander, so daß es unmöglich erscheint, eine bestimmte Schulrichtung klar und abgegrenzt herauszuarbeiten. Sie weist stets Analogien zu einer oder mehreren anderen Schulen auf. Wir sind im Umgang mit unseren westlichen Religionen an eindeutige Einteilungen gewöhnt. Wenn wir die Kirchengeschichte betrachten, so läßt sich sagen, ob jemand etwa Katholik oder Protestant war. Hier bestehen relativ klare Grenzlinien. Die Abgrenzungen im indischen Buddhismus sind nicht so eindeutig. Es gibt allerlei Schulen. Sie sind aber nicht klar abgegrenzt, so daß man bestimmte große Lehrer nicht so ohne weiteres als einer bestimmten Schule näherstehend betrachten kann. Beispielsweise streitet man sich darüber, ob Maitreyanātha, der Autor der *Fünf Abhandlungen*, der als Gründer der Yogācāra-Schule gilt, Anhänger der Mādhyamika-Schule gewesen ist. Dies ist nicht so einfach zu entscheiden, da seine Werke zwischen beiden Schulen angesiedelt erscheinen.

Der tibetische Buddhismus folgt der indischen Praxis, die Ausbildung von Sekten zu meiden. Daher sollten wir nicht nach „Schulen" des tibetischen Buddhismus fragen, sondern nach Abfolgen von Lehrer-Schüler-Beziehungen. Ein bestimmter Lehrer lehrt seine Schüler eine spezifische buddhistische Sichtweise, die diese an ihre eigenen Schüler weitergeben. Diese Tradierung der Lehre vom Meister zum Schüler, der selbst später zum Meister wird und eigene Schüler unterrichtet, ist das, was wir als Schule bezeichnen wollen. Der Traditionslinie kann wohl ein eigener Zugang zum Dharma zugesprochen werden, sie betont einen besonderen Aspekt der Lehre oder eine besondere Praxis. Aber solche Hervorhebungen sind eben nicht mehr als Betonungen. Selten, wenn überhaupt, handelt es sich um Ausgrenzungen.

Gelegentlich wird eine bestimmte Abfolge von Lehrern und Schülern mit einem bestimmten Kloster verbunden. Meist geschieht das eher zufällig, da der Lehrer in einem bestimmten Kloster wohnt, zu dem seine Schüler kommen, die später, nach dem Tode des Lehrers, an diesem Ort selbst zu lehren beginnen. So wird also ein Kloster manchmal mit einer bestimmten Lehrtraditionsabfolge verbunden und dadurch zum „Hauptquartier" dieser Schulrichtung.

Manchmal wird auch eine Schule oder Abfolge von Lehrern mit einer bestimmten Sammlung von Texten verbunden. Buddhistische Schriften sind umfangreich, daher ist es schwer, wenn nicht unmöglich für einen Einzelnen, sie allesamt auch nur kursorisch zu studieren. So finden wir in der Geschichte des Buddhismus eine arbeitsteilige Spezialisierung, in der eine bestimmte Abfolge von Lehrern und Schülern sich ausschließlich dem Studium und der Auslegung und auch der Propagierung einer bestimmten Textgruppe widmet. Nochmals gesagt, dies ist eine der Weisen, in der eine Schule entsteht. Vergleichbar wäre, wenn im Christentum sich eine Gruppe beispielsweise derart intensiv mit dem Johannesevangelium in Studium, Lehre und Veröffentlichung von Kommentaren beschäftigte, um so eine eigene Schule mit Lehrern und Schülern zu bilden – ohne dabei ihre Wertschätzung für die Bibel als Ganzes einzubüßen. Derartiges hat sich im Christentum nicht ereignet, aber genau dies geschieht im Buddhismus sehr häufig. Insbesonders chinesische buddhistische Schulen werden mit einem bestimmten Text oder einer Textgruppe eng verbunden. So konzentriert sich die T'ien T'ai Schule zum Beispiel auf das *Saddharmapuṇḍarīka-Sūtra*, das „Sūtra vom Lotus des wahren Dharma" (Anm. d. Übs.: dieser Text wird verehrt, Haupttext der Schule ist aber das *Avataṃsakasūtra*, chin.: *Fa-hua-ching).*

Zum anderen wiederum entstehen Schulen durch Lehrer-Schüler-Abfolgen, die besondere spirituelle Praktiken, insbesondere einen eigenen Meditationsstil pflegen. Ein Lehrer entwickelt eine spezifische Meditationsform, er lehrt sie seine Schüler, und dadurch ist eine Lehrabfolge geschaffen, die den Grundstein für eine neue Schule bildet.

Bei der Entstehung einer Schule können verschiedene solcher Faktoren zusammenwirken. Im Laufe der Zeit nimmt jede Schule einen immer klarer hervortretenden Charakter an, wird aber nie ausgrenzend. Im Einklang mit dem Geist der Toleranz im Buddhismus reklamiert keine Schule des tibetischen Buddhismus für sich, die einzig wahre Version des Dharma zu vertreten. Unterschiede werden anerkannt, man beschönigt sie nicht. Dennoch würde keine Schule so weit gehen, zu behaupten, sie hätte ein Monopol in bezug auf buddhistische Wahrheiten.

In chronologischer Folge sind die vier größeren Schulen des Buddhismus: die Nyingmapa-Schule, die Kagyüpa-Schule, die Sakyapa-Schule und die Gelugpa-Schule. Die ersten drei Schulen kann man als die alten Schulen zusammenfassen, die Gelugpa-Schule ist eine neuere, reformierte Schule. Daher werden die ersten drei Schulen auch nicht-reformierte Schulen genannt, im Gegensatz zur reformierten Gelugpa-Schule. Allerdings betrachten manche tibetische Buddhisten diese Unterscheidung als nicht besonders angemessen. Einst besprach ich dies mit einem hohen Nyingmapa-Lama. Ich fragte ihn: „Worauf beruht im Grunde diese Klassifikation? Warum werdet ihr zusammen mit den Kagyüpa und Sakyapa als nicht-reformiert, die Gelugpa hingegen als reformiert bezeichnet?" Er lächelte und meinte: „Bei uns gab es nichts zu reformieren."

Einige westliche Gelehrte betrachten diese drei alten Schulen als unreformiert in der Art, wie sie die christlichen Kirchen in vorreformatorische und protestantische untergliedern. Diese analoge Unterscheidung ist aber nicht besonders hilfreich. Der tatsächliche Hauptunterschied besteht darin, daß die drei alten Schulen auf indische Ursprünge zurückreichen, sie wurden nämlich durch Inder oder in Indien ausgebildete Tibeter begründet. Die neuere Gelugpa-Schule hingegen ist einheimisch, da Tsongkhapa, ihr Gründer, Tibet nie verlassen hat. Seine Schule ist somit rein tibetischen Ursprungs.

Bevor wir die vier Schulen im einzelnen betrachten, sollten wir einigen ihrer gemeinsamen Züge Aufmerksamkeit schenken. Erstens handelt es bei ihnen um Schulen, die durch *triyāna* gekennzeichnet sind. Um diesen Terminus zu verstehen, muß man die Geschichte des indischen Buddhismus heranziehen. Der Buddhismus herrschte 1500 Jahre in Indien, etwa von 500 v. Chr. bis 1000 n. Chr. und durchlief drei deutlich unterscheidbare Stadien, in denen jeweils besondere Aspekte im Vordergrund standen.

Im ersten Stadium, das etwa 500 Jahre dauerte, wurden hauptsächlich ethische und psychologische Antworten hinsichtlich der Auslegung des Dharma betont. Man studierte und analysierte den menschlichen Verstand, besonders in bezug auf Meditation und höhere Zustände des Bewußtseins. Ethische Disziplin und monastische Regeln wurden ebenfalls genau observiert. Daher wird die erste Phase des indischen Buddhismus oft als ethisch-psychologische Phase beschrieben.

Im zweiten Stadium treten zwei zusätzliche Elemente in den Vordergrund: das metaphysische und das devotionale Element. Man lehnte ethische und psychologische Gesichtspunkte nicht ab, aber im Verlauf der Traditionsfortschreibung erforschte man das Wesen der Realität und suchte tieferreichende Begriffe und Vorstellungen. Gleichzeitig legte man mehr Wert auf das devotionale Element im Buddhismus: die Verehrung und Anbetung der Buddhas und Bodhisattvas und die Gefühle von Ehrfurcht, Liebe und Respekt. Diese metaphysisch-devotionale Phase des indischen Buddhismus dauerte ebenfalls 500 Jahre.

Im dritten Stadium, zwischen 500 n. Chr. und 1000 n. Chr., wurden die ethisch-pyschologischen und metaphysisch-devotionalen Traditionen fortgeführt, aber wiederum wurde der Schwerpunkt neu gesetzt. Die Ausführung ritueller Akte und Prozeduren mit bestimmten archetypischen Inhalten und Bedeutungen traten in den Vordergrund – und außerdem eine Art „esoterische Meditation". Das ist nicht nur eine Form der Gedankenkonzentration, sondern fortgeschrittene Meditation, die sich nur unter der Leitung eines Gurus nach regelrechter Initiation und Ermächtigung ausüben läßt. Mehr hierzu im 7. Kapitel dieses Buches.

Im traditionellen buddhistischen Sprachgebrauch nennt man jedes der drei Stadien der Entwicklung ein *yāna*, was soviel bedeutet wie „Fahrzeug", im Sinne eines Fahrzeuges zu spirituellem Fortschritt. Der Sanskritterminus *triyāna* nimmt Bezug auf diese drei Abschnitte des indischen Buddhismus: Hīnayāna oder „kleines Fahrzeug" (ethisch-psychologisch), Mahāyāna oder „großes Fahrzeug" (metaphysisch-devotional) und Vajrayāna oder „Diamantfahrzeug" (ritualistisch-yogistisch). Seit der Zeit von Trisong Detsen läßt sich der Buddhismus aller Schulen als triyānisch bezeichnen.

Obwohl der tibetische Buddhismus als Zweig des Mahāyāna-Buddhismus beschrieben wird, ist dies nicht ganz richtig. Alle seine Schulen folgen dem Hīnayāna in bezug auf Ordenszucht und Organisation wie auch auf alle Grundlehren wie die Vier Edlen Wahrheiten, den Achtfachen Pfad und die

Zwölf Glieder des Konditionalnexus (der bedingten Entstehung). All diese Lehren im tibetischen Buddhismus haben sich aus dem ursprünglichen, in Indien beheimateten Hīnayāna-Buddhismus entwickelt, besonders aus der Schule der Sarvāstivādins. Was die Philosophie betrifft, folgen alle tibetischen Schulen dem Māhāyāna, besonders zwei großen indischen Traditionen: der der Mādhyamika-Schule (mittlerer Weg zwischen Extremen) und der der Yogācāra-Schule (Yoga im Sinne von Meditationslehren). Ebenfalls aus dem Mahāyāna stammt das übergeordnete tibetische buddhistische Heilsweg-Ideal, der Bodhisattva-Glaube. Rituale sowie esoterische Meditation wurden dem Vajrayāna und dem Tantrismus entlehnt. So gesehen sind ihrer Natur nach alle tibetischen buddhistischen Schulen aus verschiedenen Elementen zusammengesetzt.

Außerdem betrachtet der tibetische Buddhismus die drei *yānas* nicht bloß als historisch aufeinanderfolgende Entwicklungsphasen des Buddhismus, sondern ebenso als drei aufeinander aufbauende Stadien des individuellen Entwicklungsweges des einzelnen tibetischen Buddhisten. Diese Idee ist eng verknüpft mit Atīśa, der von Indien nach Tibet kam und dort im elften Jahrhundert gelehrt hat. Obwohl es sich um eine späte Form des indischen Buddhismus handelt, spielt die Lehre des Atīśa eine prominente Rolle in der Struktur aller Schulen des tibetischen Buddhismus.

Deshalb lassen sich tibetische buddhistische Schulen nicht unterteilen in tantrische und nicht-tantrische Schulen, wie dies einige westliche Forscher zu tun versuchen. Alle Schulen akzeptieren diesen dreiteiligen Aufbau sowohl in bezug auf die historische Entwicklung des Buddhismus wie auch auf das spirituelle Leben des einzelnen. Alle akzeptieren alle drei *yānas*, und alle sehen im Tantrismus die höchste Blüte, den Gipfel des Buddhismus. Im Westen hat man den Tantrismus weitgehend mißverstanden, oft ist man auch ziemlich geschockt von ihm. Doch für die tibetischen Buddhisten repräsentiert der Tantrismus die höchste und heiligste Stufe in der Entwicklung des Buddhismus.

Die zweite übergreifende Gemeinsamkeit aller tibetischen buddhistischen Schulen besteht in der Akzeptanz gemeinsamen Schriftgutes als kanonische Basis – obwohl, wie wir sehen werden, die Nyingmapa bestimmte Sondertexte besitzen. Diese Schriften sind zusammengefaßt im Kanjur, der aus 100, in manchen Ausgaben 108 Holzdruckbänden besteht, sowie im Tanjur, der aus 225 Bänden besteht. Im Kanjur stehen Übersetzungen ins Tibetische von Sūtren und Tantren, anders gesagt all die Werke, von denen gesagt wird, es handle sich um Worte des Buddha oder eines seiner erleuchteten Schüler, der unter seiner Leitung und Inspiration gesprochen habe. Darunter befinden sich Texte in der Tradition der „Vollendung der Weisheit", das *Saddharmapuṇḍarīka-Sūtra* (Lotus-Sūtra) und das *Laṅkāvatāra-Sūtra* in tibetischer Übersetzung. Der Tanjur besteht aus Übersetzungen und Kommentaren und anderen herausragenden Werken von großen indischen buddhistischen Weisen und Philosophen – Nāgārjuna, Dharmakīrti, Dignāga und anderen.

Ein Band dieser Texte besteht, wie alle tibetischen Bücher, aus länglichen Seiten aus zähem handgeschöpftem Papier, das gewöhnlich aus Bambus hergestellt wurde und dick und steif ist. Beim Umschlagen der Seiten entsteht ein charakteristisches Geräusch. Die Blätter sind zwischen hölzerne Deckel lose ohne Bindung gelegt, so daß man sie beim Lesen einzeln umdrehen muß. Sie sind ziemlich massiv, so daß es widersinnig wäre, von einer „kleinen tibetischen Bibliothek" zu sprechen. Gewöhnlich enthalten Bibliotheken Hunderte dieser voluminösen und schwergewichtigen Bände. Als ich einst ein tibetisches Bildnis des Rades der Existenzen betrachtete, fiel mir auf, daß die Sphäre, die wir Hölle nennen würden – das ist der Ort der Qual und Bestrafung –, Leute zeigte, die von gewaltigen Bänden heiliger Texte zermalmt wurden. (Als ich einen befreundeten Tibeter über die Bedeutung befragte, antwortete er mir, es handele sich dabei um jene, die keinen Respekt vor den heiligen Schriften bekundet hätten.)

Das dritte gemeinsame Element aller Schulen besteht in der Befolgung des gleichen *vinaya*, der gleichen Ordenszucht, durch die Mönche eines Ordens. Somit haben die vier Schulen eine ganze Menge Gemeinsamkeiten. In der Tat erscheinen die Ähnlichkeiten größer als die Differenzen. Nichtsdestoweniger gibt es solche Differenzen, denn jede Schule hat ihre besonderen Eigenarten, die von großer Wichtigkeit sind.

Die Nyingmapa-Schule

Die Bezeichnung Nyingma bedeutet „die Alten". Der Name geht auf die Verwendung der alten Übersetzungen der Tantren zurück, die bereits vor König Ralpachen angefertigt worden waren. Vergleichbar im Christentum wäre eine Kirche, die lediglich eine bestimmte alte Bibelübersetzung anerkennen und neuere Übersetzungen ignorieren würde.

Die Nyingmapa sehen den großen indischen Lehrer Padmasambhava („dessen Ursprung der Lotus ist") als ihren Gründer an. Ihr Respekt und ihre Hingabe gehen so weit, daß sie ihn gelegentlich als den zweiten Buddha verehren. Nach der Tradition der Nyingmapa besitzt Padmasambhava acht hauptsächliche Erscheinungsformen, in denen er sich in den acht Weltteilen manifestiert. Śākyamuni, der historische Buddha, wird einfach als eine von ihnen angesehen.

Diese Begeisterung kann man in Nyingmapa-Tempeln sehen. Sie sind gewöhnlich dreistöckig. Beim Eintritt sieht man ein gewaltiges Bildnis, gewöhnlich überlebensgroß, das den Guru Padmasambhava darstellt. Er trägt königliche Kleider und die Lotuskappe, sitzt mit dem *khaṭvāṅga* (magischer Stab) in der Armbeuge, hält in einer Hand einen mit Blut oder Nektar gefüllten Totenschädel und einen *vajra* (Diamant, Donnerkeilzepter) in der anderen. Der Gesichtsausdruck zeigt das charakteristische „grimmige Lächeln". Normalerweise sind ihm seine beiden Hauptbegleiterinnen, die indische Prinzessin Mandāravā aus Zahor und die tibetische Yoginī Yeshe Tshogyal, beidseitig flankierend zugesellt. Überall ringsherum findet man Bilder und Wandmalereien, auch Gautama, der Buddha, ist irgendwo in einer Ecke zu finden – als sehr unbedeutende Figur in diesem Pantheon. Für die Nyingmapa steht Padmasambhava im Vordergrund. Er wurde zur Fleischwerdung der idealen Buddhaschaft, mehr als Śākyamuni selbst.

Nach allen Berichten, die auf uns gekommen sind, war Padmasambhava ein vielseitiger Mann. Er war ein brillanter Gelehrter und Disputant. Oft besiegte er gelehrte Brahmanen im Redekampf. Er war ein angesehener Weiser und Lehrer, ein fruchtbarer Autor, aber ebenso ein berühmter Yogi und Asket, der viel Zeit in Meditation versunken verbrachte. Darüber hinaus war er ein Magier. Den Legenden zufolge konnte er alle Arten von Wundertaten aufführen. Es scheint, er war einer der größten Meister des Okkulten, den die Welt je gesehen hat. Nach manchen Berichten war er zudem noch ein vollendeter Tänzer. Die Tibeter haben für ihn die ehrerbietige Benennung Guru Rinpoche, was soviel bedeutet wie „kostbarer Lehrer". Diese Bezeichnung ziehen sie dem Namen Padmasambhava vor, da es ihnen unehrerbietig erscheint, den Eigennamen zu gebrauchen.

Die Tradition der Nyingmapa spiegelt die Vielseitigkeit ihres legendären Gründers wider, daher meine ich, nachdem ich mich mit dieser Schule befaßt habe, daß sie die reichste Form des tibetischen Buddhismus bietet. Demzufolge ist es auch besonders schwierig, über sie generalisierend zu sprechen. Die Lehren der Nyingmapa akzeptieren natürlich den Rahmen des *triyāna*, es ist aber ein charakteristisches Moment ihrer Tradition, die drei *yānas* in neun zu unterteilen, denn diese Einteilung bildet die Grundlage für ihr System der Religionsausübung.

Nach dieser Zählung steht das *Śrāvakayāna* am Beginn, das „Fahrzeug der Hörer". Śrāvaka oder Schüler bedeutet hier jemanden, der die Wahrheit nicht aus sich selbst heraus findet, sondern sie von einem erleuchteten Lehrer, einem Buddha, hört, um daraufhin seine Anstrengungen auf individuelle Befreiung hin auszurichten. Während er (oder sie) sich um wahre Befreiung aus dem saṃsāra abmüht, müht er sich lediglich seiner selbst wegen, ohne das spirituelle Heilsziel anderer im Auge zu haben.

Als zweites *yāna* folgt das des *pratyekabuddha*. *Pratyeka* bedeutet „für sich" oder „einzeln", daher ist ein *pratyeka-buddha* jemand, der durch eigene Bemühungen die Wahrheit gefunden hat. Er hat keinen Lehrer, aber auch keine Schüler, da er keinen Wert darauf legt, zu verkündigen, was er gefunden hat. Er beschäftigt sich nur mit seiner eigenen spirituellen Erlösung. Der *pratyekabuddha* ist, ähnlich wie der śrāvaka, ein spiritueller Individualist.

Das dritte *yāna* ist das *bodhisattvayāna*. Ein Bodhisattva hat einen Lehrer und bemüht sich um Schüler, da das Ziel eines Bodhisattva nicht nur in eigener Erleuchtung besteht. Vielmehr geht es ihm um die Erlösung aller Lebewesen. Er bemüht sich um spirituelle Fortschritte, um andere Wesen anleiten und ihnen helfen zu können. Dies tut er, indem er die sechs (oder zehn) *pāramitās* oder Vollkommenheiten (Tugenden) praktiziert. Somit ist das *bodhisattvayāna* der Weg des reinen geistigen Altruismus.

Zum vierten gibt es das *kriyāyoga tantrayāna*. *Kriyā* bedeutet „rituelle Handlung". Daher verlangt dieses *yāna* die Befolgung äußerer symbolischer Riten ebenso wie die Wiederholung von Mantras und die Visualisierung eines bestimmten Buddha (mehr hierzu im 7. Kapitel). Das fünfte ist das *upāyayoga tantrayāna*. Upāya bedeutet „Mittel, Methode", und daher handelt es sich hierbei um das *yāna*, bei dem sowohl Ritual als auch Meditation gleichermaßen zum Einsatz kommen. Das sechste *yāna* heißt *yoga tantrayāna* und umfaßt verschiedene Praktiken zur Entwicklung einer Vereinigung von Weisheit und Mitleid, so daß eines das andere nicht übersteigen möge. Die drei letztgenannten *yānas* nennt man „Exoterischen Tantrismus" oder Mantrayāna.

Die nachfolgenden drei *yānas* des neunfältigen Systems der Nyingmapa umfassen das eigentliche Vajrayāna, den esoterischen oder „geheimen" Tantrismus. Als siebtes haben wir das *mahāyogayāna*, das hauptsächlich aus Praktiken des „wachsenden" und des „vollendeten" Yoga (wird später erklärt) besteht. Das achte ist das *anuyogayāna*, das alle meditativen Übungen umfaßt, die sich mit Atemkontrolle, Kontrolle über

das Nervensystem, die psychischen Zentren und die Sexual-
energie befassen. Das Ziel ist die Sublimierung aller groben
und feinen Kräfte der individuellen Persönlichkeit in Richtung hin auf die Erleuchtung. Neuntens gibt es das *atiyo-
gayāna*. Dabei geht es um die direkte Verwirklichung der
höchsten Wahrheit ohne irgendwelche Vermittler. Es entspricht in groben der Ch'an Schule beziehungsweise dem Zen.
Es gibt unterschiedliche Traditionen von *atiyogayāna-Prakti-
ken*, von denen die wichtigste *dzogchen* oder „Große Vollendung" heißt. Die Nyingmapa unterhalten spezielle Klöster für
diese Praktiken.

Wie die drei *yānas* in neun aufgeteilt werden, ist kennzeich-
nend. Die ersten beiden *yānas* erkennt man als Hīnayāna-
Lehren, das dritte stammt aus dem Mahāyāna, und die verbleibenden sechs decken den Bereich des Vajrayāna ab. Damit
zeigt sich die Ausrichtung der Nyingmapa-Schule, die zwar
das *triyāna* akzeptiert, sich aber in der Praxis fast gänzlich an
Vajrayāna und Tantrismus orientiert. Vereinfacht dargestellt
besteht eine tantrische Initiation nach der Nyingmapa-Schule
aus den drei Zufluchten und fünf Vorschriften, darin besteht
dann die Ausübung des Hīnayāna. Danach kommt das Bodhisattva-Gelübde, das Element aus dem Mahāyāna. Dies alles
dauert gewöhnlich nur ein paar Minuten, und der Rest der
Initiation befaßt sich nun nur noch mit dem Vajrayāna. Die
gesamte Betonung der Nyingmapa-Praxis beruht auf dem
Vajrayāna; Hīnayāna und Mahāyāna werden in viel geringerem Grade studiert und praktiziert.

Die Nyingmapa anerkennen dieselben Schriften wie die anderen Schulen, nämlich die aus dem Kanjur und Tanjur, aber
sie besitzen eine zusätzliche Sammlung, die sie die Nyingma-
Tantras nennen. Diese bestehen aus etwa 300 tantrischen Texten, die die anderen Schulen nicht als kanonisch gelten lassen,
da sie nicht von Buddha stammen. Westliche Gelehrte glaub-
ten, daß es sich dabei um Fälschungen handle, die von Tibetern geschrieben worden waren, da vermeintlich keine Sanskrit-Originale existierten. Aber unlängst hat man in Nepal
einige Sanskrit-Originale von tantrischen Texten der Nying-

mapa aufgefunden, so daß immerhin einige von ihnen als kanonisch anerkannt werden könnten.

Die Nyingmapa besitzen auch eine vierundsechzigbändige Textsammlung, die als *rinchen terma* bekannt ist und die sie für besonders wichtig halten. Es handelt sich dabei um die sogenannten „verborgenen Schriften". *Rinchen* bedeutet „köstlicher" und *terma* „Schatzfund". Gemäß der Legende wurden diese Schriften von Padmasambhava während seines Aufenthalts in Tibet geschrieben. Dann aber – so sagt die Legende – erkannte er, daß die Tibeter für seine Lehren noch nicht reif waren, und versteckte die Texte an verschiedenen Plätzen, in Höhlen und unter Steinen, damit sie dann nach und nach im Verlauf der Jahrhunderte gefunden werden konnten. Es verwundert nicht, daß diese Texte von westlichen Gelehrten als Fälschungen betrachtet werden. Trotzdem enthalten die *rinchen terma* wichtiges Material, das nicht so einfach abzutun ist. Darunter befindet sich beispielsweise der *Bardo Thödol* (das *Tibetische Totenbuch*), ein großartiges und wichtiges Werk. Sicher ist es nicht die Arbeit eines gewöhnlichen Fälschers. Der Autor dürfte ein großer spiritueller Lehrer gewesen sein, ob es nun Padmasambhava war oder nicht.

Während meines Aufenthaltes in Kalimpong war ich mit vielen Angehörigen der Nyingmapa-Schule bekannt, darunter befanden sich große Lamas, einfache Mönche und Laien. Gewöhnlich kamen sie zu meinem eigenen Kloster, und wir arbeiteten für buddhistische Treffen und Feiern zusammen. Dadurch lernte ich viele von ihnen ziemlich gut kennen. Ich beobachtete, daß ihnen allen die Meditation besonders am Herzen lag, in einer Art, wie es bei den Gelugpa nicht der Fall war. Die Gelugpa debattieren sehr gerne. Wenn sich einige Gelugpa-Mönche zusammenfinden und sich Zuhörerschaft dazugesellt, entsteht eine Art von dialektischer Diskussion. Der Ablauf ist durch die Tradition genau vorgeschrieben. Fragen und Antworten stammen alle aus ihren Büchern über Logik und Philosophie und werden mit passenden dramatischen Gesten untermalt. Die Gelugpa verbringen Stunden und sogar Tage mit solchen Debatten und stellen so ihr Können unter

Beweis. Aber die Nyingmapa – mit denen die Gelugpa eine Art freundlicher Rivalität pflegen – geben zu, daß ihnen das ziemlich kindisch vorkommt, und meinen, die Zeit wäre mit Meditation besser verbracht.

Mir fiel auch auf, wie spontan Nyingmapa-Lamas sein können. Stellt man einem Gelugpa-Lama eine Frage, wird er in neun von zehn Fällen eine passende Stelle aus den Schriften des Tsongkhapa rezitieren. Er wird sich an schriftgemäße Antworten halten, um strikt im Einklang mit der Tradition zu bleiben. Die Nyingmapa sind gleichfalls sehr gebildet und belesen, aber nicht so pedantisch. Stellt man ihnen eine Frage, antworten sie wahrscheinlich direkt und aus der eigenen Erfahrungswelt. Manche Nyingmapa-Lamas, die ich kennenlernte, ließen sich ganz von dem leiten, was in ihnen während der Meditation aufstieg. Wenn es ihnen morgens während ihrer Meditation in den Sinn kam, sie sollten sich aufmachen, jemanden zu besuchen, oder eine große *pūjā* (rituelle Verehrung) abhalten, taten sie es sogleich, nachdem sie ihre Meditation beendet hatten. Sie ließen sich von ihrer inneren Inspiration leiten und sprachen und handelten deswegen aus dieser Inspiration heraus – eine Handlungsweise, die den Gelugpa ziemlich vermessen vorgekommen sein dürfte.

Einst hielt sich einer meiner Nyingmapa-Lehrer, Kachu Rinpoche, bei mir in Kalimpong auf. Eines Morgens sagte er mir beim Frühstück: „Rate, was ich in meiner Morgenmeditation gesehen habe? Ich sah auf dem Dach deines Klosters ein großes Siegesbanner flattern. Wir müssen eines aufrichten." Wir waren die ganze folgende Woche damit beschäftigt, Stoffe der verschiedensten Farben im Basar einzukaufen und eine Holzkonstruktion beim Zimmermann zu bestellen. Am Ende der Woche hißten wir das Siegesbanner auf dem Dach. Es war zwei Meter hoch, mit buntem seidenem Faltenbesatz und darüber einem goldenen Dharmacakra. Wir stellten es einfach nur deshalb auf, weil der Rinpoche es während seiner Meditation gesehen hatte. Später erzählte er mir, er sehe jeden Morgen beim Meditieren, wer ihn den Tag über besuchen wird.

Er war eine bemerkenswerte Person. Eine andere Geschichte über ihn erzählte mir eine französische buddhistische Nonne, die in Kalimpong wohnte. Sie hatte viele Lehrer und neigte dazu, von einem zum anderen zu wechseln, stets unzufrieden, weil sie nicht umfassend und schnell genug von ihnen unterwiesen wurde. Es handelte sich um ein zartes Persönchen, milde ausgedrückt. Sie hatte an der Sorbonne in Philosophie promoviert, war ziemlich intellektuell und schwer zufriedenzustellen. Sie traf Kachu Rinpoche, als sie gerade durch die Wildnis von Sikkim wanderte, nachdem sie ihren letzten Lehrer verlassen hatte. Sie hielt Ausschau nach einem neuen Lehrer und begann deshalb gerne eine Unterhaltung mit ihm. Sie erzählte ihm von den Meditationspraktiken, die sie erlernt hatte, und als er sie fragte, wie oft sie diese ausübe, antwortete sie: „Oh, jeden Tag!" Er antwortete ihr: „Du sprichst nicht die Wahrheit – sechs Monate lang hast du nicht meditiert!" Sie erzählte mir, sie wäre bei dieser Antwort vor Erstaunen fast aus der Haut gefahren, weil sie der Wahrheit entsprach. Tatsächlich hatte sie sechs Monate nicht meditiert, weil sie von ihrem vorigen Lehrer verärgert worden war.

Natürlich ersuchte sie Kachu Rinpoche auf der Stelle, seine Schülerin werden zu dürfen – war aber später auch von ihm enttäuscht, als sie sah, wie er heilige Bildnisse im Schrein des Klosters Pemayangse mit Whisky besprengte. Natürlich ist daran nichts Falsches. Die Nyingmapa benutzen Spirituosen in Schädelbechern oder auf kleinen Silbertellern zu rituellen Zwecken. Der Schnaps repräsentiert amrta oder Unsterblichkeit. Im Verlauf des Rituals legen sie einen Tropfen auf die Handfläche und trinken ihn. Aber für sie war das alles falsch, und darum ging sie weg. Aber für einige Zeit war sie dennoch von Kachu Rinpoche sehr eingenommen.

Ein andermal saßen Kachu Rinpoche und ich mit einem amerikanischen Paar, das die Geheimnisse des tibetischen Buddhismus in Kalimpong studieren wollte, beim Mittagessen. Der junge Mann sagte zu mir lachend: „Sie kennen die alte Geschichte über schwebende Leute. Fragen Sie mal den Lama, ob er so was schon mal gesehen hat!" Er hielt dies für eine gelungene Scherzfrage, doch der Lama antwortete ihm sehr ernsthaft: „Oh ja, ich habe in Tibet gesehen, wie Leute so etwas machten, ich kann es sogar ein wenig selbst." Bei dieser Antwort fiel der junge Amerikaner fast vom Stuhl. Im Verlauf des Gespräches mit dem jungen Paar bemerkte ich, daß Kachu Rinpoche gelegentlich ihre Fragen beantwortete, bevor ich Zeit hatte, sie ihm zu übersetzen, und dies, obwohl einige Fragen ziemlich komplex waren. Später befragte ich ihn zum Thema Levitation etwas eindringlicher, und er erzählte mir, daß er nicht vom Fleck weg schweben könne. Dazu müsse er sich sechs Monate in eine abgelegene Höhle oder an einen Ort im Urwald zurückziehen, um die nötige Geistesverfassung zu entwickeln.

Diese Geschichten beleuchten das Wesen des Nyingmapa-Lama und die allgemeine Art der Nyingmapa-Tradition. Die Nyingmapa sind oft sehr viel spontaner und lebendiger als andere Lamas. Sie sind auch weniger organisiert, besonders im Vergleich mit den Gelugpa. Traditionell orientieren sich die Gelugpa an den großen Klöstern Lhasas, deren Direktiven von den untergeordneten Klöstern befolgt wurden. Die Nyingmapa geben sich viel unabhängiger, ihre Lamas sind individueller geprägt und haben eigene Zirkel von Mönchen und Laien als Schüler. Sie sind auch nicht so ausschließlich monastisch. Einige der größten Nyingmapa-Lamas sind gar keine Mönche. Ein weiterer Lehrer von mir, Dudjom Rinpoche, einer der berühmtesten Nyingmapa-Lamas, war ein Laie mit Familie.

Die Kagyüpa-Schule

Ka bedeutet „Wort" und *gyü* bedeutet „Überlieferung". Daher bedeutet der Name dieser Schule soviel wie „durch das Wort überliefert", gemeint ist die Abfolge mündlich weitergegebener Traditionen. Die Kagyüpa halten sehr wenig vom Studium des Schrifttums. Viel wichtiger sind ihnen die, wie sie es nennen, „ins Ohr geflüsterten Anweisungen", Anweisungen, die der Guru dem Schüler direkt gibt und die wohl tatsächlich nie niedergeschrieben worden sind. Die Kagyüpa-Schule wurde im elften Jahrhundert durch den großen südtibetischen Lehrer

Marpa gegründet, der drei Reisen nach Indien unternahm und dort bei dem Inder Nāropa Schüler war.

Die berühmteste Gestalt dieser Schule ist Milarepa. Sein Name bedeutet „Mila, der Baumwollkleider trägt". Er ist sicherlich eine der lebendigsten und interessantesten Figuren aus der Geschichte des Buddhismus, ja aus der gesamten Religionsgeschichte. Sein Vater soll gestorben sein, als er noch klein war. Sein Onkel und seine Tante entrissen ihm und seiner Mutter das gesamte Erbe, so daß diese völlig mittellos dastanden. Milarepas Mutter sann auf Rache und ermutigte ihren Sohn zum Studium der Schwarzen Magie. Er erlernte und übte die Zauberei über viele Jahre hinweg und übte schließlich furchtbare Rache an seinen Verwandten. Später bekam er jedoch Gewissensbisse wegen der vielen Menschenleben, die er durch seine Praktiken ausgelöscht hatte.

Daraufhin setzte er sich zu Füßen des großen Guru Marpa, der sofort erkannte, welch begabte Person, welch ein spirituelles Genie Milarepa war. Zugleich aber sah er, daß er viel Schaden angerichtet hatte und deshalb geläutert werden mußte. Marpa war ganz und gar von spiritueller Disziplin bestimmt, er ließ Milarepa derart schwierige spirituelle Prüfungen durchlaufen, daß er in nackter Verzweiflung am Rande des Selbstmordes stand. Er wurde aber von Marpas Frau (ohne Wissen ihres Mannes) ermutigt und unterstützt, so daß er nach einiger Zeit und vielen Anstrengungen initiiert und zur Meditation in die Einsamkeit hoher Berge geschickt wurde.

Wenn wir auf Milarepas späteres Leben schauen – er erreichte ein hohes Alter – so fällt besonders seine entschiedene Kompromißlosigkeit ins Auge. Er machte nie halbe Sachen, ging keine Kompromisse ein, gab nie auch nur einen Fußbreit nach. So gibt es allerlei Dinge, die ein Mönch besitzen darf, aber Milarepa wollte keines. Er trug keine Roben, sondern nur ein Stück Baumwolltuch. Als die irdene Schale, in der er seine selbstgesammelten Nesseln kochte, zerbrochen war, besaß er überhaupt nichts mehr.

Eine Geschichte erzählt, wie Milarepa einst in einer kalten Winternacht ohne Bekleidung oder Decke in seiner Höhle schlief. Es gab kein Feuer, kein Essen, überhaupt nichts. Mitten in der Nacht erwachte er, weil jemand in der Höhle herumging, vermutlich ein Räuber. Milarepa amüsierte das, und er rief ihm zu: „Wie willst du bei Nacht etwas finden, wenn ich schon bei Tage nichts finde?" Tibeter – sogar Räuber, wie es scheint – haben einen Sinn für Humor. Jedenfalls lachte der Räuber und ging seiner Wege.

Traditionell gilt Milarepa als der größte Yogi in Tibet. Er war Meister jeder spirituellen Praktik, jeder Form der Meditation und aller Fertigkeiten. Er war auch ein bemerkenswerter Lehrer, abgesehen davon, daß er Tibets größter Poet war. Sein bekanntestes Werk ist das *Mila Gurbum*, die „Hunderttausend Gesänge". (Es handelt sich dabei nicht um buchstäblich hunderttausend, der tibetische Titel steht für „gesammelte Gesänge".) Diese Dichtungen sind nicht nur von grundlegendem spirituellem Wert, sondern auch sprachlich oft wunderschön.

Die Kagyüpa-Schule, die in der Nachfolge Milarepas steht, legt mehr Wert auf einen wirklich praktizierten Buddhismus als auf theoretische Studien. Als Tibet noch unabhängig war, gab es viele Kagyüpa-Eremiten, die in abgelegenen und unzugänglichen Ecken Tibets hausten. Die Übungen der Kagyüpa bestehen hauptsächlich aus den Sechs Lehren (Dharmas oder Yogas) des Nāropa. Die erste Übung ist das Yoga mystischer Hitze, die seelisch und innerlich erzeugt wird. Die Meisterschaft hierin ermöglichte es Milarepa, auf hohen Bergkämmen in Schnee und Eis nur mit seinem Baumwollhemd zu leben. Heutzutage findet man Kagyüpa-Lamas, die ihr einteiliges Baumwollkleidungsstück – das einzige, das sie tragen sollen, wenn sie das Yoga der mystischen Hitze betreiben – über ihre dicken wollenen Roben ziehen. Dies läßt ahnen, daß die Dinge heute nicht mehr so sind wie in Milarepas Tagen.

Die zweite der Sechs Lehren des Nāropa besteht darin, die Illusionshaftigkeit der eigenen Person, des eigenen Seins zu erkennen. Sie heißt Yoga des māyā-Körpers. Die dritte Lehre, das Traumyoga, bringt die Erkenntnis, daß das Leben einem Traum vergleichbar ist. Viertens gibt es das Yoga des klaren

Lichtes, es läßt die Leerheit erkennen. Das fünfte Yoga ist das Yoga der Bewußtseinsübertragung, es liefert Erkenntnisse über den Zustand nach dem Tod und ist mit dem *Tibetischen Totenbuch* verknüpft. Das sechste Yoga des Nāropa ist das Yoga des Zwischenzustandes. Es geht dabei um die Übertragung von Bewußtsein, nicht nur auf andere Lebensformen, sondern auf höhere Existenzebenen.

Diese sechs Dharmas verlangen viele und komplexe Yoga-techniken und -übungen. Die höchste Übung der Kagyüpa heißt Mahāmudrā (großes Symbol), das dem Atiyoga oder „Höchstem Yoga" der Nyingmapa ähnelt und auch in einigen Zügen vergleichbar ist mit der Ch'an-Schule und dem Zen.

Die Sakyapa-Schule

Die Bezeichnung *Sakya* hat nichts mit dem indischen Wort *śākya* zu tun, dem Namen des Stammes des historischen Buddha. Im Tibetischen bedeutet *sakya* vielmehr „lohfarbene Erde" – wegen der Farbe brachen oder ungepflügten Landes. Es ist auch der Name des Hauptklosters dieser Schule, das sich in einer Gegend befand, die man „Gebiet der lohfarbenen Erde" nannte. Die Schule wurde im Jahre 1073 von Drog mi begründet, einem Übersetzer, der in Indien jahrelang bei vielen spirituellen Meistern studiert hatte. Drog mi hatte einen Schüler namens Khön Könchog Gyalpo, der gewöhnlich als Gründer der Schule angesehen wird. Er war auch nicht Mönch, sondern Laie. Obwohl die frühen Oberhäupter der Schule verheiratet waren, wurde es später Brauch, Mönch zu sein und von einem Neffen abgelöst zu werden, der ebenfalls Mönch war. Daher kommt es, daß nach dem Tode eines Hauptes der Sakyapa-Schule die Nachfolge auf einen Sohn seines Bruders oder seiner Schwester übergeht. Wenn dieser nun stirbt, geht die Nachfolge über auf seinen Neffen, den Enkel seines Vorgängers. Auf diese Art und Weise geht die Nachfolge zwischen zwei nebeneinanderlaufenden Familienzweigen hin und her.

Die Sakyapa sind für ihre Gelehrsamkeit bekannt. Ihr größter Gelehrter, möglicherweise der bedeutendste Gelehrte aller tibetischen Schulen, war der hochberühmte Butön, der im vierzehnten Jahrhundert lebte. Er stellte den Kanjur und den Tanjur zusammen; seine Sammlung buddhistischer Texte in diesen beiden großen Ausgaben gilt allen Schulen des tibetischen Buddhismus als Grundlage und autoritative Richtschnur. Er verfaßte auch eine wichtige Geschichte des Buddhismus, die den Buddhismus Indiens und Tibets behandelt. Ein anderer bedeutender Historiker, Tāranātha, gehörte zu einem Seitenzweig der Sakyapa-Tradition.

Historisch betrachtet gibt es eine enge Verbindung zwischen den Sakyapa und den Mongolen, da die Sakyapa dieses kriegerische Volk zum Buddhismus bekehrt haben. Aus Dankbarkeit für die Unterweisungen, die sie erhalten hatten, unterstützten die Mongolen die Sakyapa politisch derart massiv, daß der Oberste Abt der Sakyapa-Schule für etwa achtzig Jahre praktisch ganz Tibet regierte. Dies geschah in der Zeit zwischen der zweiten Hälfte des dreizehnten Jahrhunderts und der ersten Hälfte des vierzehnten Jahrhunderts. So kann man sagen, daß sie die Wegbereiter für die spätere Herrschaft der Dalai Lamas waren.

Im Zusammenhang hiermit wird eine interessante Geschichte über Pakpa erzählt, der die politische Macht der Sakyapa in Tibet während des dreizehnten Jahrhunderts gefestigt hat. Dieser berühmte Sakyapa-Führer war der Guru des noch viel berühmteren Kublai Khan, der damals nicht nur über China herrschte, sondern über ganz Zentralasien und sogar Teile des Westens. Kublai Khan war offensichtlich sehr dankbar für die spirituelle Unterweisung und Inspiration, die er von Pakpa erhielt, und daher der Sakyapa-Schule sehr verbunden. Eines Tages schlug er Pakpa vor, er möge ein Gesetz erlassen, das die Bewohner Tibets dazu zwingen solle, alle anderen Traditionen aufzugeben und nur noch den Lehren der Sakyapa-Schule zu folgen. So groß war die Begeisterung Kublai Khans.

Nun möchte man meinen, Pakpa wäre über diese Entwicklung hochbeglückt gewesen. Man denkt, er würde dem Kublai Khan sofort zugestimmt und darüber hinaus darauf gedrungen haben, die zu bestrafen, die diese Reform ablehnten. So etwa verliefen religionsgeschichtliche Umbrüche im Westen. Aber Pakpa stimmte nicht zu. Im Gegenteil, er redete dem Kublai Khan aus, ein derartiges Gesetz aufzustellen. Solch ein Gesetz, so argumentierte er, wäre nicht im Einklang mit dem Dharma. Pakpa vertrat die Ansicht, daß die anderen Buddhisten Tibets, die keine Sakyapa waren, die Freiheit haben sollten, jedweder Schule zu folgen, der sie folgen wollten. Es dürfe weder Druck noch Zwang geben. Dies ist ein in der Tradition des Buddhismus verankertes Denken, insbesondere ist es ein Wesenszug des tibetischen Buddhismus. Man ist der eigenen Form des Buddhismus sehr zugetan, man glaubt an sie und folgt ihr mit ganzem Herzen. Dennoch respektiert man gleichzeitig andere Traditionen. Selten gibt es Versuche, jemanden in eine bestimmte Schule zu nötigen. So ist die Einstellung der Buddhisten überall im Osten. Sie sind generell sehr tolerant, sowohl gegenüber anderen Lehrformen des Buddhismus als auch gegenüber den übrigen Religionen.

Die Gelugpa-Schule

Die Gelugpa bilden, wörtlich übersetzt, die „Tugendschule". Das soll nicht etwa heißen, die Anhänger der anderen Schulen seien nicht tugendhaft, aber die Gelugpa haben sich eben auf Tugendhaftigkeit spezialisiert, hierin liegt ihre besondere Stärke. Die Gelugpa-Schule wurde im vierzehnten Jahrhundert von Tsongkhapa gegründet. Sie ist die Schule, zu der die Dalai Lamas gehören, wie wir im Kapitel 3 erfahren werden.

Diese vierte und größte Schule des tibetischen Buddhismus kann man nur im Zusammenhang mit der Wesensart und dem Werdegang ihres Gründers Tsongkhapa verstehen. Er ist zweifellos eine der größten Gestalten des tibetischen Buddhismus. Er verkörpert den charakteristischen spirituellen und religiösen Geist des Volkes von Tibet. Hauptsächlich wurde er als Reformer des tibetischen Buddhismus bekannt, der viele Mißbräuche abgeschafft hat. Auch als Organisator tat er sich hervor, denn er vereinigte die Mönchsorden (Sangha) in beachtlichem Ausmaße und setzte eine dauerhafte Disziplin ein. Darüber hinaus ist er bekannt geworden als Heiliger und Gelehrter ersten Ranges. Heilige sind oft keine Gelehrten, und nur allzuoft sind Gelehrte alles andere als Heilige. Aber Tsongkhapa war beides, eine ziemlich seltene Kombination, ein Mann des heiligmäßigen Lebens und gleichzeitig ein Gelehrter, und beides fast perfekt.

Tsongkhapas Leben ist sehr gut belegt, da die Tibeter immer schon historisch interessiert gewesen sind. Darin unterscheiden sie sich von den alten Indern: Die Sanskrit-Literatur gehört zu den reichsten der Welt, es finden sich Dramen, Gedichte, Erzählungen, aber keine Geschichtswerke. Andererseits schrieben Tibeter sowohl viele Bücher über indische Geschichte, tibetische Geschichte und die Geschichte des Buddhismus wie auch unzählige Biographien, besonders von Heiligen und Gestalten der Religionsgeschichte. Dabei handelt es sich häufig nicht um Hagiographien, sondern um kritische und realistische Werke. Daher wissen wir, daß Tsongkhapa 1357 als vierter Sohn seiner Eltern geboren wurde und daß er, wie so viele andere berühmte Männer, aus einer sehr ärmlichen Familie hervorging. Er wurde in Tsongkha, wörtlich: „Zwiebeltal", geboren, das in der Provinz Amdo in Nordosttibet liegt. Über seiner Geburtsstätte wurde später das berühmte Kloster Kumbum, das Kloster der 100 000 Buddha-Bildnisse errichtet.

Daher bedeutet Tsongkhapa soviel wie „Mann aus dem Zwiebeltal". Auch hier wird deutlich, daß Tibeter es für respektlos halten, jemanden bei seinem persönlichen Namen zu nennen. Für jede Respektsperson, besonders aus dem religiösen Bereich, prägen sie einen Beinamen, der wie ein Titel betrachtet wird. Auch mir passierte das, als ich in Kalimpong eintraf. Kaum ein Tibeter kannte meinen Namen Sangharakshita, da er von niemandem benutzt wurde. In den ersten Jahren nannte man mich daher Imji Gelong, was „Englischer Mönch" bedeutet. Einige Jahre später nannte man mich dann Imji Gelong Geshe Rinpoche. Tsongkhapas Mönchsname, den er bei seiner Initiation erhielt, lautete Sumatikīrti, was im

Sanskrit bedeutet: einer, der gerühmt wird oder rühmenswert ist aufgrund seines überlegenen Intellektes – ein sehr passender Name für Tsongkhapa. Die Tibeter sprechen von ihm auch als Jetsun Tsongkhapa – Jetsun bedeutet „verehrungswürdiger" – oder als Je Rinpoche, was bedeutet „Kostbarer", da er spiritueller Souverän war.

Er scheint frühreif, um nicht zu sagen ein Wunderkind gewesen zu sein. Seine religiöse Erziehung begann mit drei Jahren, als er verschiedenste Initiationen empfing und zu meditieren begann. Mit sieben Jahren wurde er śrāmaṇera, Novize eines Mönchsordens. Gemäß dem Vinaya, dem Buch der Ordensdisziplin, kann man ordiniert werden, wenn man alt genug ist, seinen Lebensunterhalt damit zu verdienen, daß man die Krähen von den Feldern verscheucht (eine wichtige Tätigkeit in einer Agrargesellschaft). Im Osten ist dies mit dem ungefähren Erreichen des Alters von sieben Jahren verknüpft. Tsongkhapa wurde also zum frühest möglichen Zeitpunkt ordiniert, was auch heutzutage in buddhistischen Ländern nicht ungewöhnlich ist. Es existieren sogar Aufzeichnungen in buddhistischen Schriften über Knaben von sieben bis neun Jahren, die die Arhatschaft (Erlösung, Erleuchtung) erreicht haben. Dies zeigt, was man erreichen kann, wenn man nur früh genug anfängt, bevor man vom Weltgetriebe verdorben wird, wie es ein englischer Poet und Mystiker des siebzehnten Jahrhunderts namens Thomas Traherne mit den Worten „the dirty devices of this world" zum Ausdruck brachte.

Mit sechzehn schickte man Tsongkhapa zum Studieren in die berühmten Klöster Zentraltibets. Einige Jahre verbrachte er mit verschiedenen großen Lehrern, wodurch er systematisch das gesamte Feld buddhistischer Studien durchlief. Er studierte die umfangreichen tibetischen Schriften und ebenso die Übersetzungen der Werke der großen indischen Weisen und Philosophen, die noch umfangreicher sind. Insbesondere befaßte er sich mit der Logik, ein Fachgebiet, in dem er in reiferem Alter brillierte, und der Mathematik sowie der indisch-tibetischen Ayurveda-Tradition, einer Medizinlehre. Darüber hinaus studierte und praktizierte er selbstverständlich die Lehren der drei *yānas* (Fahrzeuge) des Buddhismus.

Somit stand Tsongkhapa bei seiner eigenen Lehrtätigkeit reiches Quellenmaterial zur Verfügung, aus dem er schöpfen konnte. Zu jener Zeit war der Buddhismus in Tibet bereits über Jahrhunderte hinweg fest verankert. Praktisch alles von Belang war bereits übersetzt worden und konnte studiert werden. Daher konnte sich Tsongkhapa quasi als Enzyklopädist betätigen. Er drang in alle bereits existierenden Traditionen ein, zog das jeweils Beste heraus, kodifizierte und systematisierte sie in einer Weise, die immer noch von größter Wichtigkeit für das Studium des tibetischen Buddhismus ist.

Mit fünfundzwanzig Jahren wurde er voll ordinierter buddhistischer Mönch. Diese „höhere Ordination", wie man sie auch nennt, steht Mönchen ab zwanzig frei. Da er aber mit seinen Studien beschäftigt war, verschob er sie bis zum Alter von fünfundzwanzig Jahren. Danach war er hauptsächlich mit zwei Dingen beschäftigt. Er widmete sich sowohl der Vervollkommnung seiner Studien wie auch seiner Lehrtätigkeit. Die in etwa verbleibenden dreißig Jahre seines Lebens brachte er so zu. Im Laufe dieser Jahre scharte er viele Schüler um sich, die wegen ihrer fleißigen Hingabe an den Dharma und wegen ihres lauteren und heiligmäßigen Lebenswandels nach und nach als die Gelugpa (Tugendschule) bekannt wurden. Man nannte sie so, da sie sich nach dem Vorbild Tsongkhapas mehr als ihre Zeitgenossen auf strikte Observanz des *vinaya* (der Ordenszucht) konzentrierten. Sie lebten ehelos und mieden alkoholische Getränke.

Im Westen sind die Gelugpa als Gelbmützen bekannt, zur Unterscheidung von den Rotmützen, den Anhängern der älteren Schulen. Einige Zweige der Kagyüpa heißen auch Weißmützen oder Schwarzmützen. Diese Unterscheidung beruht auf bestimmten tantrischen Zeremonien, besonders im Hinblick auf die Gelbmützen und die Rotmützen. Bei der tantrischen Initiation trägt der amtierende Lama oder Guru eine Mütze – gelb bei den Gelugpa, rot bei den Nyingmapa –, was eine besondere Bedeutung hat. Die Mütze wird in den Augenblicken der Zeremonie verwendet, in denen der Lama sich in seiner Meditation geistig mit demjenigen Buddha oder Bodhisattva identifiziert, durch den er die Initiation spendet.

Die Übergabe der gelben – oder der roten – Mütze durch den Akolythen (assistierenden Lama) an den Guru ist ein besonders feierlicher Moment. Die Mütze wird gewöhnlich auf einem Seidentuch oder Kissen überreicht. Wenn der Guru sie aufsetzt, vertritt er den Buddha oder Bodhisattva, der die Initiation gewährt. Der Empfänger der Initiation fühlt deshalb, daß er diese von dem Buddha oder Bodhisattva höchstselbst empfängt – durch die Person des Gurus. Nach diesem Moment wird die Mütze feierlich abgesetzt und dem Akolythen zurückgegeben, der sie faltet und wegträgt. Bis zur Zeit des Tsongkhapa verwendeten alle Lamas gemäß der indischen Tradition für diesen Zweck rote Mützen. Tsongkhapa wollte eine deutliche Unterscheidung sichtbar machen zwischen seinen Anhängern und den bereits bestehenden Schulen. Daher änderte er die Farbe der in dieser Zeremonie verwendeten Mützen von rot zu gelb.

Während der Lebenszeit des Tsongkhapa gründeten seine Schüler in und um Lhasa, der Hauptstadt Tibets, drei große Gelugpa-Klöster: Ganden, Sera und Drepung. Sie existieren bis heute, wenn sie auch von den Chinesen beschädigt wurden. Vor der chinesischen Übernahme wohnten in Ganden und Sera je 5000 Mönche; Drepung war mit 7000 Mönchen sogar noch etwas größer. Es handelte sich bei diesen Anlagen um kleine monastische Gemeinwesen oder sogar Städte.

Tsongkhapa war ein fruchtbarer Autor. Die Standardausgabe seiner Schriften füllt sechzehn massive tibetische Bücher. Seine bekanntesten Werke sind das *Lamrim Chenmo* und das *Ngagrim Chenmo*. *Lamrim* bedeutet „Stufenweg" (*Chenmo* bedeutet „großer"); das Werk bietet einen Überblick über den spirituellen Weg gemäß dem Mahāyāna, es diskutiert im Detail die Praktiken der pāramitās (Vollkommenheiten, Bodhisattvaqualitäten) und zitiert zahllose buddhistische Schriften. Das *Ngagrim* behandelt in analoger Weise den tantrischen Stufenweg, die Lehre des Vajrayāna. Diese beiden umfassenden und sehr systematischen Werke bilden die Basis für die Lehren der Gelugpa. Tsongkhapa verfaßte außerdem eine gekürzte Fassung des *Lamrim* für weniger intellektuelle Leser. Diese Fassung wird von den Mönchen gerne benutzt, da ihnen die Langversion zu schwierig, abstrus und gekünstelt erscheint. Neben diesen Werken stellte er einige Schriftkommentare zusammen. Er verfaßte auch eine Reihe ziemlich schöner kleinerer Abhandlungen.

Tsongkhapa starb im Jahre 1419, als der Orden der Gelugpa und die Bewegung, für die er stand, bereits gut etabliert und fest im religiösen Leben Tibets verankert waren. Von nun an gedachte man jährlich seines Todestages – nicht nur unter den Gelugpa, sondern bei allen Schulen – mit einem großen Lichterfest. Wenn der Abend sich senkt und es zu dämmern beginnt, entzünden die Leute Reihen kleiner Öl- oder Butterlampen rings um jedes Haus, jedes Kloster, jeden Tempel, in den Fenstern, entlang der Geländer, auf Flachdächern und Fensterbrettern. Hunderte, ja Tausende dieser Lampen kann man überall in der Stadt sehen; sie bieten einen wunderschönen Anblick.

Wegen der Stärke seiner Persönlichkeit, seiner umfassenden Bildung, seines Organisationstalents und seiner spirituellen Genialität hat Tsongkhapa den tibetischen Buddhismus dauerhaft geprägt. Noch wichtiger ist, daß Tsongkhapa nach der Meinung des tibetischen Volkes, insbesondere der Gelugpa, die hervorragende Stellung eines Bodhisattva einnimmt. Er wird traditionell als Manifestation des Bodhisattva Mañjuśrī angesehen, des Bodhisattva der Weisheit, den man besonders mit der Perfektion von Weisheitslehren verbindet. Daher zeigen die tibetischen Darstellungen Tsongkhapa mit den Attributen und Insignien des Mañjuśrī. Er wird in der typischen Art des tibetischen Gelehrten-Heiligen dargestellt, in eine Mönchsrobe gewandet, sitzend, mit hoher gelber Mütze. Aus seinen Schultern wachsen zwei Lotusblüten, die mich an kleine Flügel erinnern. Auf einem Lotus befindet sich das flammende Schwert des Mañjuśrī, das Schwert, das die Fesseln der Unwissenheit durchschneidet. Auf dem anderen

Lotus befindet sich das Buch mit den Texten der „Vollendung der Weisheit". Damit wird angezeigt, daß Tsongkhapa als irdische Manifestation des Mañjuśrī, des großen Archetypen spiritueller Weisheit, gilt.

3

Die Reinkarnationen des Dalai Lama

Selbst wer im Westen ansonsten gar nichts vom Buddhismus weiß, hat schon einmal vom Dalai Lama gehört. Seine Rolle und Bedeutung werden jedoch oft ganz und gar falsch verstanden. Tatsächlich gibt es dieses Mißverständnis nicht nur in westlichen Ländern. Ich erinnere mich an die Zeit, als die Chinesen Tibet besetzten, und an die Zeit des Lhasa-Aufstandes 1959. Damals lebte ich in Indien, und die dortigen Zeitungen enthielten allerlei ziemlich groteske Bezeichnungen für den Dalai Lama, die ganz klar zeigten, daß man von seinem Status und seiner Funktion keine Vorstellung hatte. So bezeichneten ihn beispielsweise einige Reporter als „lebenden Buddha", was er natürlich nicht ist. Andere Schlagzeilen verkündeten: „Priester-König flieht nach Indien". Einige Zeitungen verstiegen sich dazu, den Dalai Lama als den Papst der Buddhisten, den Potala als den buddhistischen Vatikan und die führenden wiedergeborenen Lamas als die buddhistischen Kirchenfürsten zu bezeichnen. Damit bewiesen sie, daß sie keinen Schimmer hatten, wer oder was der Dalai Lama wirklich ist.

Wir können uns kein Bild vom Dalai Lama, seiner Natur und seiner Funktion machen, ohne den Hintergrund des tibetischen Buddhismus insgesamt, besonders aber den der Gelugpa-Schule, zu berücksichtigen. Mit dieser Schule ist er persönlich verbunden, wenn ihn auch Tibeter anderer Schulen achten.

Nach Tsongkhapas Tod nahm die Bedeutung der Gelugpa-Schule weiterhin zu. Wenn wir ein bis zwei Generationen überspringen, begegnen wir dem dritten Abt von Ganden (eines der drei Klöster, die zu Jetsuns Lebzeiten gegründet worden waren), einem Neffen des Tsongkhapa mit Namen Gendün Drub. Er gründete das berühmte Kloster Tashilhünpo in Shigatse und setzte seinen eigenen Lehrer dort als Abt ein. Gendün Drub wurde als Reinkarnation des zweiten Abtes von Ganden (Tsongkhapa soll der erste Abt gewesen sein) angesehen. Seit damals kennen wir, was die Gelehrten – unter Verwendung eines mongolischen Terminus – Kublaikhanische Sukzession nennen: Dabei handelt es sich sozusagen um eine Sukzession (Thronfolge) durch Reinkarnation.

Zu dieser frühen Zeit gab es nur zwei Linien Kublaikhanischer Sukzession bei den Gelugpa: erstens die Linie sukzessiver Reinkarnationen des Neffen des Tsongkhapa, des dritten Abtes von Ganden; und zweitens die seines Lehrers, des ersten Abtes von Tashilhünpo. Diese beiden Linien wurden in der Folgezeit bekannt als die des Dalai Lama und die des Panchen Lama. Die Dalai Lamas sind Nachfolger – im Sinne aufeinanderfolgender Reinkarnationen – des dritten Abtes von Ganden, wohingegen die Panchen Lamas Reinkarnationen des ersten Abtes von Tashilhünpo sind. Der heutige Dalai Lama ist der vierzehnte in Kublaikhanischer Sukzession, und der verstorbene Panchen Lama war der zehnte seiner Linie.

Obwohl die Kublaikhanische Sukzession eine Besonderheit des tibetischen Buddhismus darstellt, ist sie an sich keine radikale Neuerung im Buddhismus. Es handelt sich lediglich um eine neue Erscheinungsform eines alten Prinzips, das praktisch alle Aspekte und Schulen des Buddhismus durchdringt: das Prinzip des Bodhisattva-Ideals. Das Bodhisattva-Ideal, eine Konzeption im Mahāyāna, verkörpert das spirituelle buddhistische Ideal in seiner erhabensten Form. Es geht dabei um das Ideal der Erleuchtung nicht nur für das eigene Wohl, sondern für das Wohl aller Wesen – das Ideal nicht nur individueller, sondern in gewisser Weise „kollektiver" oder sogar kosmischer Erlösung.

Obwohl das Bodhisattva-Ideal eine Reihe abstruser metaphysischer Konstruktionen zuläßt, kann man es auch in vergleichsweise einfachen Worten ausdrücken. Man muß es im Kontext der buddhistischen Auffassung von Karma und Wiedergeburt verstehen – das ist die Überzeugung, daß man nicht nur einmal auf dieser Erde lebt, sondern eine Folge von Leben durchlebt nach den Gesetzen des Karma, des Gesetzes von Tatvergeltung auf psychologischer und ethischer Ebene. Wiedergeburt tritt gemäß der buddhistischen Lehrtradition ein aufgrund von Überresten von Gier, Haß und Verblendung im individuellen Strom des Bewußtseins (populär als „Seele" aufgefaßt) zum Zeitpunkt des Ablebens. Mit anderen Worten, wer stirbt und noch nicht alle Leidenschaften abgelegt hat, wer noch etwas begehrt, an etwas gebunden ist – sei es Familie, Reichtümer, Ruhm, Wissensdrang, sogar vielleicht der Buddhismus selbst –, wird wiedergeboren werden müssen. Er wird zurückgezogen durch die Kraft seiner Gier, die Kraft seiner Wünsche, sein Anhaften – hinein in einen neuen Körper, und er erleidet somit eine „Reinkarnation".

Dieser Vorgang wird durch das tibetische Rad des Lebens dargestellt. In der Nabe befinden sich drei Tiere – Hahn, Schlange und Schwein –, die die drei geistigen Leidensursachen Gier, Haß und Verblendung symbolisieren, die das Rad der Wiedergeburt am Laufen halten. Im zweiten Rund findet man die aufwärts und abwärts gerichteten Wege, die sich aus ethischem oder unethischem Handeln als Folge ergeben. Das dritte Rund zeigt die sechs Bereiche der bedingten Existenz (einschließlich des Bereichs des Menschen), in die hinein man wiedergeboren werden kann. Der äußerste Kreis besteht aus den zwölf Gliedern des bedingten Entstehens, gemäß dem der Gesamtprozeß stattfindet. Dies ist eine buddhistische Grundlehre. Das Rad von Geburt, Tod und Wiedergeburt dreht sich wegen der drei Leidensursachen Gier, Haß und Verblendung.

Durch spirituelle Übungen kann man nach und nach diese Leidensursachen aufheben. Gier und Haß werden geringer, Verblendung wird vertrieben. Am Ende ist das Bewußtsein des einzelnen in einem Zustand von Ruhe, Liebe und Weisheit. Man ist nicht länger an das Rad gebunden, man muß nun nicht mehr wiedergeboren werden. Wenn also beim Tod das Bewußtsein den physischen Leib verläßt, wird es nicht mehr zurückgezogen. Es bleibt auf höherer, transzendenter Ebene im Stadium ungestörter Erleuchtung.

Nunmehr aber – und dies ist ein sehr wichtiges „aber" – eröffnen sich nach mahāyānischem Glauben zwei Möglichkeiten, zwei Wege, die einander ausschließen. Wer diesen Status erlangt hat, kann es dabei bewenden lassen und ins Nirvāṇa eingehen und so dem Blick der Welt entschwinden. Andererseits kann er aber auch wieder zurückkehren. Man kann sich auf freiwilliger Basis entscheiden, wiedergeboren zu werden – nicht wegen karmischer Zwänge, sondern aus Mitleid. Man will anderen Wesen durch die Kenntnisse und spirituellen Erfahrungen, die man gemacht hat, weiterhelfen.

Dieser Moment der Wahl wird in der Legende über den großen Bodhisattva Avalokiteśvara beschrieben. Es heißt, er war vor vielen tausend Jahren ein großer Yogi, der die meiste Zeit seines Lebens meditierend in Höhlen des Himalaya verbracht hatte. Endlich kam der Zeitpunkt, als er sich am Rande der Erleuchtung befand, am Eingang zum Nirvāṇa. Er stieg auf von einer Stufe höheren Bewußtseins zur anderen, entfernte sich dabei immer mehr von der Welt, machte dabei alle Arten archetypischer und paradiesischer Erfahrungen, sah allerlei wunderbare Formen und Gestalten. Zuletzt verblaßte auch dies, und er kam an die Küste eines großen Ozeans aus Licht. Alles, was er sehen und hören konnte, war dieser Lichtozean. Mit tiefer Freude stellte er fest, daß er zurückgekommen war zu seinem Anfang. Er war dabei, mit dem Sein selbst zu „verschmelzen". Mit einem Seufzer der Erleichterung ließ er dies geschehen, ließ sich in diesen großen Ozean gleiten.

Aber genau in diesem Augenblick vernahm er ein Geräusch, das wie von weither schallte. Zuerst wußte er nicht, was los war, aber seine Aufmerksamkeit wurde gefesselt und er hörte gespannt hin. Er hörte nicht nur einen Ton, sondern viele Klänge, viele Stimmen. Sie alle schrien wehklagend, weinten und jammerten kummervoll. Während er zuhörte, wurde das Geräusch immer lauter, bis er sich vom großen Lichtozean abwandte und hinunterblickte (daher sein Name, Avalokiteśvara, der bedeutet „der Herr, der hinabblickt"). Er blickte hinab in die Tiefen, hinunter bis zu dieser Welt und sah so viele Menschen, so viele Millionen Lebewesen, die auf die verschiedenste Art und Weise Leiden erduldeten wegen ihrer Unwissenheit und wegen ihres Mangels an spiritueller Unterweisung. Es stieg der Gedanke in ihm auf: „Wie kann ich denn diese Wesen zurücklassen? Wie kann ich es mir gestatten, in den Lichtozean einzutauchen und nur mich zu retten, während in dieser Welt unter mir so viele Wesen meiner Hilfe, meines Beistands und meiner Anleitung bedürfen?" Deshalb kehrte er nun zurück. Er blickte nicht nur hinab, er stieg hinab auf die Welt.

Der erste Weg, nämlich sich selbst zu gestatten, ins Nirvāṇa einzugehen, wird – zumindest von den Mahāyānins – als der Weg der Arhatschaft angesehen, denn ein Arhat erlangt individuelle Erlösung. Der zweite Weg, den Avalokiteśvara beschritten hatte, ist der Bodhisattvaweg, auf dem man sich nicht nur um die eigene Erlöstheit kümmert, sondern um Erlösung und Erleuchtung aller Arten von lebenden Wesen. Man ist dann erst zufrieden, wenn man sie alle umarmt und zur Buddhaschaft geführt hat, einer Art kosmischer Erleuchtung. Der Weg der Bodhisattvaschaft gilt traditionell als getrennter und höherer Weg als der zur Arhatschaft. Trotzdem entspricht in gewisser Weise der Bodhisattvaweg dem des Arhat und schließt ihn ein, da man die Fähigkeit zur individuellen Erlösung zuerst einmal erlangt haben muß, damit der Aufschub dieser Erlösung überhaupt möglich wird. Sonst nämlich wäre der Bodhisattvaweg weniger ein spirituelles Ideal als vielmehr eine Rationalisierung des eigenen Verhaftetseins an die Welt.

Tibetische Buddhisten nehmen das Ideal des Bodhisattva sehr ernst. Für sie ist es eine Realität, eine lebendige Angelegenheit. Marco Pallis nannte es „die vorherrschende Idee des tibetischen Buddhismus", daher müssen wir die Bodhisattvaschaft verstehen, um den tibetischen Buddhismus überhaupt erst verstehen zu können. Die Tibeter glauben, daß es Menschen gibt, die derzeit in unserer Welt leben, die dieses große Opfer gebracht haben, Menschen, die buchstäblich dem Nirvāṇa den Rücken gekehrt haben und zurückgekehrt sind, um anderen Menschen zur Erleuchtung zu verhelfen. Für Tibeter ist das Bodhisattva-Ideal nicht bloß ein schöner Mythos, nicht bloß – wie ich es von einem Theologen beschrieben fand – eine spirituelle Fiktion (im Gegensatz zur Historizität des gekreuzigten Christus). Für die Tibeter leben Bodhisattvas unter uns, sie nehmen teil am „geistigen Haushalt" dieser Welt. Sie glauben unerschütterlich daran, daß einige dieser Bodhisattvas identifizierbar sind. So gehören die verschiedenen Dalai Lamas und Panchen Lamas zu den Bodhisattvas, die sie identifizieren.

Der jeweilige Dalai Lama gilt als Manifestation des Avalokiteśvara, des Bodhisattva des Mitleids, während der Panchen Lama gemäß ihrem Glauben eine Manifestation des Buddha Amitābha ist, des Buddha des Unermeßlichen Lichtes. Wenn nun der eine als Buddha, der andere als Bodhisattva gedacht wird, welcher Unterschied (so fragt man sich) wird hier gemacht? In diesem Kontext besteht der Unterschied zwischen einem Buddha und einem Bodhisattva in der qualitativen Unterscheidung zwischen den statischen Aspekten und den dynamischen Aspekten ein und derselben spirituellen Realität. Der Buddha vertritt den statischen Aspekt der Erleuchtung, aber nicht in dem Sinne, daß er in der Zeit stillstände, sondern daß er sich vielmehr überhaupt jenseits der Zeit befände. Der Bodhisattva steht für diese ewige transzendente Erfahrung in ihrem dynamischen Aspekt, anders gesagt, im Prozeß der Erfahrbarkeit innerhalb des historisch ablaufenden Zeitgefüges.

Vom Rang her gesehen steht ein Buddha über einem Bodhisattva, was westliche Gelehrte zu der Auffassung veranlaßte, der Panchen Lama habe einen höheren Rang als der Dalai Lama, denn der Dalai Lama sei der zeitlich begrenzte Herrscher Tibets, der Panchen Lama hingegen das spirituelle Oberhaupt. Das hört sich logisch an, ist aber nicht der Fall. In den Augen der Tibeter ist der Dalai Lama alles in allem – zeitlicher Herrscher, de jure wenn nicht de facto, und er ist auch geistiges Oberhaupt Tibets. Der Panchen Lama ist vergleichsweise eine ziemlich nebelhafte Figur.

Die Tibeter in Kalimpong hatten an ihren Schreinen stets ein großes gerahmtes Photo des Dalai Lama angebracht; sehr selten sah ich eines des Panchen Lama. Als im Winter 1956 der Dalai Lama und der Panchen Lama offiziell auf dem Siliguri-Flughafen begrüßt wurden und man ihnen Throne gleicher Höhe (auf Betreiben der Chinesen, die versuchten, den Panchen Lama aufzuwerten) hinstellte, waren die Tibeter aufs höchste empört.

Von klein auf genießen die Dalai Lamas eine sorgfältige Erziehung in bezug auf alle Bereiche buddhistischen Denkens und buddhistischen Lebens. Sie lernen zu meditieren und durchlaufen ein schwieriges System von Studien und Übungen. Wenn also ein Dalai Lama mündig wird, ist er für gewöhnlich gut informiert in bezug auf alle Aspekte der buddhistischen Tradition sowohl in der Theorie wie in der Praxis. Gleichzeitig wird der Dalai Lama trotz seiner immensen Autorität und seines Prestiges nie als übergeordnete Instanz in Fragen der Lehre betrachtet. Es ist nicht seine Sache, festzulegen, wie tibetische Buddhisten ihren Buddhismus zu praktizieren haben, nicht einmal wie die Gelugpa dies tun sollen. Wenn überhaupt jemand eine derartige Funktion hat, dann der Ti Rinpoche, der als Abt des Klosters Ganden eine relativ untergeordnete Bedeutung hat. Daher kann man die Stellung des Dalai Lama für tibetische Buddhisten in keiner Weise mit der des Papstes für die Christen vergleichen. Der Papst kann sich zu moralischen Fragen bestimmend äußern und Dogmen verkünden, der Dalai Lama aber nicht.

Der dritte, fünfte und dreizehnte Dalai Lama waren von besonderer geschichtlicher Bedeutung. Der dritte Dalai Lama lebte im sechzehnten Jahrhundert und bekehrte die Mongolen nachhaltig. Sie waren schon einmal bekehrt worden – wie wir im vorigen Kapitel erfahren haben – durch Pakpa, den Hierarchen der Sakyapa, fielen aber wieder vom Buddhismus ab, als ihr Reich in China zerfiel. Der dritte Dalai Lama brachte sie in die Gemeinschaft des Buddhismus zurück, und sie wurden zu festen Anhängern der Schule der Gelugpa. Gelehrt, wie die Gelugpa waren, wurden sie von manchen Mongolen in bezug auf Gelehrsamkeit noch übertroffen. Einst reiste ich mit einem mongolischen Lama, und jedesmal, wenn wir rasteten, zog er ein Buch hervor. Er legte ein Seidentuch über seine

Knie, öffnete das Buch und begann zu lernen. Tag und Nacht tat er nichts anderes. Er war in der Tat unermüdlich.

Es war der dritte Dalai Lama, der als erster den Titel „Dalai Lama" vom mongolischen Großfürsten Altan Khan verliehen bekam. Danach wurde der Titel posthum an seine Vorgänger verliehen. Das Wort *dalai* ist mongolisch und bedeutet „Ozean", somit bedeutet Dalai Lama „Ozean-Priester". Diesen Titel benutzen sie, wenn sie mit Menschen aus dem Westen sprechen. Unter sich benutzen die Tibeter die Bezeichnungen *galwa rinpoche*, was „kostbarer Lehrer" bedeutet, oder *yeshe norbu*, was „Juwel des Wissens" bedeutet.

Der fünfte Dalai Lama, bekannt als der „große Fünfte", lebte im siebzehnten Jahrhundert. Er war gebildet, ein großer Gelehrter und Autor. Obwohl er der Führer der Gelugpa-Schule war, fühlte er sich der Nyingmapa-Schule sehr verbunden und schrieb verschiedene Bücher über die Nyingmapa-Tradition. Über das Schreiben rein religiöser Bücher hinaus schrieb er zudem über Geschichte, Grammatik, Poesie und Astrologie. Er war ein bedeutender Staatsmann und Administrator. Mit Unterstützung der Mongolen schwang er sich zeitweilig zum Herrscher über das gesamte Tibet auf. Er begann den Bau des Potala, der berühmten Residenz des Dalai Lama in Lhasa, die nach Avalokiteśvaras legendärem Wohnsitz in Südindien benannt worden ist.

Zur Zeit des großen Fünften wurde Tibet das, was wir im Westen ein theokratisches Gemeinwesen nennen, eine Art von religiösem Staatsgebilde. Wir tendieren dazu, von den Dalai Lamas und der Theokratie in Tibet so zu denken, als wäre beides für die Ewigkeit festgeschrieben, als typisch tibetisch, aber in Wirklichkeit sind es jüngere Erscheinungen. In Tibet gab es während seiner 1300jährigen Geschichte lediglich 300 Jahre lang eine Theokratie.

Der dreizehnte Dalai Lama regierte im zwanzigsten Jahrhundert; er erklärte Tibets Unabhängigkeit von China nach dem Zusammenbruch der Mandschudynastie. Außerdem setzte er eine disziplinierte Mönchserziehung durch. Als während der Younghusband-Expedition der dreizehnte Dalai

Lama in die Mongolei geflüchtet war, fand er im Zuge seiner Gespräche mit mongolischen Lamas zu seiner Verwunderung heraus (erzählte mir Dhardo Rinpoche, einer meiner tibetischen Lehrer), daß sie sich auf Texte bezogen, die er nie studiert hatte. Als er nach Lhasa zurückkehrte, reorganisierte er den Lehrplan für Mönchsstudien.

Der gegenwärtige Dalai Lama wurde 1935 entdeckt und identifiziert. Nachdem er 1959 während des Lhasa-Aufstandes aus Tibet geflohen war, lebt er heute im Exil in Dharamsala in Nordindien. Es gab Prophezeiungen, daß er der letzte der Linie sein werde. Viele Tibeter sind davon überzeugt. Natürlich kann niemand mit Sicherheit sagen, was die Zukunft bringen wird.

Die tragische Geschichte Tibets der letzten Jahre hat gezeigt, was der Dalai Lama den Tibetern bedeutet. Er gilt als der Regent des tibetischen Volkes, in dieser Funktion macht sich das tibetische Nationalgefühl an ihm fest. Sowohl für die in Tibet lebenden Tibeter, die die chinesische Regierung mißbilligen, wie auch für die Exilanten in Indien und anderen Ländern, ist er das Symbol, die Inkarnation des tibetischen Nationalgeistes. Jedoch beschränkt sich seine Wichtigkeit nicht allein auf diesen Umstand.

In erster Linie ist der Dalai Lama für die Tibeter ein Bodhisattva, der unter ihnen lebt. Ungeachtet dessen, was wir denken, die Tibeter nehmen dies wörtlich. Den Dalai Lama halten sie nicht nur für einen guten Mann, nicht nur für den Regenten des Landes, nicht nur für einen herausragenden Lehrer oder eine große spirituelle Gestalt. Für die Tibeter ist er eben buchstäblich Avalokiteśvara, wie er sich in unserer Welt manifestiert. Sie haben das Empfinden, daß durch ihn das gesamte Tibet, ihre Tradition, ihr gesamtes Leben mit der archetypischen Welt in Kontakt ist, Kontakt mit dem Transzendentalen hält. Deshalb ist er der Brennpunkt so vieler spiritueller Emotionen, so vieler Verehrung. Ich traf Hunderte, wenn nicht Tausende von Tibetern aller sozialen Schichten, aller Ausbildungsgrade, die die unterschiedlichsten Meinungen vertraten. Doch gab es nie irgendwelche Zweifel an ihrer absoluten Hingabe an die Person des Dalai Lama – eine Hingabe, die auf den festen Glauben gegründet ist, daß er buchstäblich ein Bodhisattva ist, einer, der den Eintritt ins Nirvāṇa bereits verdient hat, der sich aber freiwillig dafür entschieden hat, hierzubleiben und ihnen in dieser Welt zu helfen.

4
Mönche und Laien in Tibet

Alle Buddhisten nehmen ihre Zuflucht zum „Dreijuwel", den drei höchsten Werten, um derentwillen alles andere im spirituellen Leben existiert. Die drei Juwelen sind der Buddha (das Ideal der Erleuchtung), der Dharma (seine Lehre) und der Sangha (die spirituelle Gemeinschaft seiner Anhänger). In diesem Kapitel werden wir die dritte dieser „Zufluchten", den Sangha näher betrachten.

Der Sangha existiert auf drei unterschiedlichen Ebenen. Der Āryasaṅgha oder „Edle Sangha" – sozusagen die spirituelle Elite – besteht aus denen, die bereits einen Grad spiritueller Erleuchtung erlangt haben. Sie sind entweder schon Erleuchtete oder weit fortgeschritten auf dem Weg zum Erleuchtungsziel. Des weiteren gibt es den Sangha, wie er auf der Ebene des formalen monastischen Lebens funktioniert, den Orden der Mönche und Nonnen – bhikṣu und bhikṣunī –, die sich in gewisser Weise von der Welt zurückgezogen haben und alle ihre Zeit und Energie dem religiösen Leben widmen. Drittens gibt es den Mahāsaṅgha, zu dem alle gehören, die beschlossen haben, wenigstens bis zu einem bestimmten Grad dem Weg zu folgen, den Dharma zu praktizieren und das Ideal der Buddhaschaft zu verwirklichen, ungeachtet des Grades spiritueller Fähigkeiten und ungeachtet dessen, ob es sich um Mönche, Nonnen oder Laien handelt.

Innerhalb des Sangha, wie er in Tibet existiert – oder existierte –, gibt es verschiedene Arten von Mönchen und Lehrern, und man kann über deren jeweilige Rolle und Status leicht in Verwirrung geraten. Dieses Kapitel beschreibt die verschiedenen Kategorien von Mönchen und Laiennachfolgern, befaßt sich mit deren Leben und Übungen, den Bezie-

hungen, die sie untereinander pflegen, und dem großen Bodhisattva-Ideal, das sie inspiriert und miteinander vereint. Vieles
von dem, was auf Mönche und Laien in Tibet zutrifft, gilt
auch für andere buddhistische Länder, allerdings hat der tibetische Buddhismus auch viele einzigartige Merkmale, so daß
dessen Mönche und Laienschaft sich von anderen auf charakteristische Weise unterscheiden.

Tibetische Mönche gehören zum Sarvāstivāda Nikāya, einem der vier Zweige *(nikāyas)*, in die sich der frühe indische
monastische Sangha aufgespalten hat. Zu der Zeit von Buddhas
Tod bestand der monastische Orden lediglich aus seinen Anhängern, die ihr weltliches Dasein hinter sich gelassen hatten,
um sich der Meditation und spirituellen Übungen hinzugeben.
Diese Anhänger befolgten eine Anzahl von Regeln, aber im
Ganzen führten sie eine vergleichsweise freie und leichte Existenz, ähnlich derer der modernen Hindu Sādhus. Im Laufe der
Zeit wurde der Orden immer organisierter, es wurden zunehmend mehr Regeln eingeführt, und unvermeidlicherweise
kam es zu einigen Auffassungsunterschieden. Ungefähr hundert Jahre nach Buddhas Tod teilte sich der Mönchsorden in
zwei Gemeinschaften: die etwas progressiveren Mahāsaṅghika
oder „Große Gemeinde" und die eher konservativen Sthavi-
ravāda, die „Schule der Älteren". Einigen Gelehrten zufolge
haben die Mahāsaṅghika zum Aufstieg des Mahāyāna beigetragen. Während der folgenden zwei Jahrhunderte haben sich
die Sthaviravādins gespalten, in die Pudgalavādins oder
„Personalisten" und Sarvāstivādins oder „Panrealisten". Alle
vier Nikāyas vermittelten im Grunde genommen denselben
Vinaya, d. h. dieselbe Form von Ordenszucht. Später unterteil-
ten sie sich immer weiter, um die achtzehn klassischen Schulen des frühen Buddhismus zu bilden, die wir gesamtübergrei-
fend als Hīnayāna zu bezeichnen gewohnt sind. Heutzutage
sind nur noch zwei Traditionslinien monastischer Ordination
übriggeblieben: die der Sthaviras in der theravādischen Form,
wie man sie in Sri Lanka, Myanmar (Birma) und Thailand vor-
findet; und die Linie der Sarvāstivādin, die sich hauptsächlich
in Tibet, China, der Mongolei und Vietnam finden läßt. Wie

wir bereits in Kapitel 1 erfahren haben, hat König Trisong Detsen im achten Jahrhundert entschieden, der tibetische Buddhismus solle ein triyānisches System bilden. Er befahl, er solle in bezug auf Vinaya den Sarvāstivādin folgen, in der Philosophie der Mādhyamika-Schule und der Yogācāra-Schule und in Fragen der Meditation dem Tantrismus. Seit dieser Zeit folgen die tibetischen Mönche einer tibetischen Übersetzung des Sarvāstivādin Vinaya.

Es gibt sechs Grade für einen tibetischen Mönch. Der erste Grad ist der des Genye. Es gibt zweierlei Arten von Genye. Die erste ist die des Laien, der die fünf *śīlas* oder Moralvorschriften befolgt – das entspricht den indischen *upāsaka* oder Laienbuddhisten. Die zweite Art Genye ist eine Art von Anwärter, der im Kloster wohnt, die Mönche bedient und zehn ethischen Pflichten gehorcht. Diese Art von Genye bildet den ersten tibetischen Mönchsgrad.

Der zweite Grad ist der eines Getsul, der dem eines indischen *śrāmaṇera* entspricht. Ein Getsul ist ein Mönchsnovize, der studiert, um voll ordiniert zu werden, und der sechsunddreißig Regeln zu befolgen hat. Die Ordination zum Getsul oder Śrāmaṇera kann erst im Alter von sieben oder acht Jahren erfolgen (in Tibet wird ab dem vermuteten Datum der Empfängnis gerechnet).

Drittens gibt es den Gelong, den voll ordinierte Mönch, der dem indischen bhikṣu (Pāli: bhikkhu) entspricht. Man kann frühestens zum Gelong ordiniert werden, wenn man zwanzig ist, es wird auch länger gewartet, wie Tsongkhapa dies tat, der diese höhere Ordination mit fünfundzwanzig Jahren empfing. Der tibetische Gelong befolgt 150 ethische Prinzipien, die in sieben Kategorien eingeteilt werden, und darüber hinaus verschiedene Regeln der monastischen Etikette. Die erste Kategorie ist die wichtigste, sie enthält die vier Regeln, die den Geschlechtsverkehr verbieten, den Diebstahl, das willentliche Töten von Lebewesen sowie falsche Behauptungen über spirituelle Fortschritte, die man erlangt hat.

Der vierte Grad des Mönches ist der des Geshe. Dieser Ausdruck wird manchmal übersetzt als „Doktor der buddhistischen Theologie" – ich sah dies sogar auf der Visitenkarte eines englischsprechenden tibetischen Geshe. Die Bezeichnung „Gelehrter Mönch" wird einem Geshe eher gerecht. Es gibt fünf hauptsächliche Studiengebiete für den Geshe, denen er viele Jahre seines Lebens widmet. Zuerst studiert er den vinaya, die Mönchsdisziplin. Es gibt zu diesem Gebiet viel Literatur, unter der sich auch manches ziemlich Abstruse findet. Im Laufe der Jahrhunderte wurde aus wenigen einfachen monastischen Regeln ein ausgedehntes, komplexes, gesetzesähnliches Vorschriftensystem. Gelegentlich braucht man spezialisierte „Mönchsjuristen", die enträtseln müssen, ob ein Mönch einen Regelverstoß begangen hat oder nicht.

Die zweite Aufgabe des Geshe besteht im Studium des Abhidharma, eines höchst umfangreichen Korpus scholastischer buddhistischer Literatur, der die detaillierte Untergliederung mentaler Zustände in ihre grundsätzlichen Funktionen enthält. Drittens studiert der Geshe die Prajñāpāramitā-Sūtren, die wichtigste Gruppe mahāyānischer Sūtren. Im Idealfall studiert der Geshe alle diese Sūtren – es sind etwa fünfunddreißig – und deren Kommentare. Unter diesen Sūtren ist vor allem das berühmte Vajracchedikā-Prajñāpāramitā-Sūtra, das „Diamant-Sūtrā", in Tibet besonders beliebt und wird zu jeder möglichen Gelegenheit rezitiert. Das vierte Studiengebiet in dieser Folge ist die Mādhyamika-Philosophie, die Lehre vom Mittleren Weg. Diese hochgradig metaphysische und dialektische Tradition, die auf den Prajñāpāramitā-Sūtren basiert, wurde von dem großen indischen buddhistischen Denker Nāgārjuna im zweiten bis dritten nachchristlichen Jahrhundert begründet.

Zum Schluß studiert der Geshe die Logik. Vor der Auslöschung durch den Islam gab es auf diesem Gebiet in Indien eine sehr reiche Tradition, und viele indische buddhistische Abhandlungen über Logik wurden von Meistern wie Dignāga und Dharmakīrti ins Tibetische übersetzt. In Tibet, besonders in der Gelugpa-Schule, wurde das Studium der Logik stets höher geschätzt als anderswo in der buddhistischen Welt, besonders im Vergleich mit China und Japan, wo man einen direkteren, intuitiveren Zugang zu den buddhistischen Inhalten vorzog.

Einige Gelehrte vertreten die Auffassung, daß die Logiker des indischen und des tibetischen Buddhismus sich ziemlich weit von den spirituellen Lehren des historischen Buddha entfernt haben. Die Tibeter würden dem entgegnend darauf hinweisen, daß dies alles dem Bodhisattva-Ideal zuzurechnen sei. Der Bodhisattva ist bestrebt, jeden auf den richtigen Weg und dadurch zu reifer Spiritualität zu bringen, was nicht leicht ist. Man muß mit den Leuten diskutieren und debattieren – und wie sollte man dies ohne rationale Argumente bewerkstelligen? Logik gehört neben Rhetorik, Kunst und Handwerk, ja sogar Poesie und Tanz zu dem Werkzeug, das ein Bodhisattva benötigt, um damit alle Wesen auf den Pfad zur Erleuchtung zu bringen.

Es dauert in der Regel mindestens zwölf Jahre, manchmal sehr viel länger, um diese fünf Fachgebiete zu meistern und die Ausbildung zum Geshe abzuschließen. Das Studium ist weitgehend nach dem Tutorensystem ausgerichtet. Es gibt sowohl individuelle Tutoren wie auch sehr kleine Lerngruppen. Examina finden alljährlich statt und sind stets mündlich. Es gibt keine schriftlichen Prüfungen. Am Prüfungstag betritt der Prüfling die Examenshalle, wo bereits in großem Rund hunderte von Geshes, die bereits geprüft sind, sitzen. Einer nach dem anderen bombardieren sie den Prüfling mit Fragen zu den fünf Fächern. Der Kandidat sitzt in der Mitte, zittert wohl ein wenig und erwartet die erste Frage. Von rechts kommt vielleicht eine ziemlich fachliche Frage über den *vinaya*, die unverzüglich beantwortet werden muß. Sofort nach der Antwort kommt von hinten eine Frage zur Logik. Sie wird beantwortet, und bevor man Luft schöpfen kann, stellt jemand eine Frage zur „Vollendung der Weisheit". Die Fragen werden immer schwieriger, die Geshes versuchen die ganze Zeit über, die Wissenslücken des Kandidaten aufzudecken. Das Examen dauert einige Stunden, und von allen Seiten werden Fragen in rascher Folge abgefeuert.

Selbst der Dalai Lama muß sich dieser zermürbenden Prozedur stellen. Tibetische Freunde von mir, die damals Augenzeugen waren, berichteten mir über die Geshe-Prüfung des gegenwärtigen Dalai Lama. Es gab anscheinend einen schrecklichen Moment, als es so schien, als fände er auf eine Frage keine Antwort. Doch er erholte sich plötzlich und gab die Antwort mit donnernder Stimme. Jedermann war erfreut. Denn er war eben der Dalai Lama. Er bekam Note zwei, was zeigt, wie fair und unparteiisch das Verfahren ist. (Es gibt vier Notenstufen, es ist aber nicht bekannt, daß je einer Note eins bekommen habe.) Wenn man in der alljährlich stattfindenden Prüfung durchfällt, was öfters passiert, studiert man einfach weiter und versucht es bei nächster Gelegenheit aufs neue. Man kann solange brauchen, wie man will, denn es gibt keine Zeitbegrenzung, bis wann die Studien abzuschließen sind. Man stellt sich der Prüfung, wenn man sich reif dafür fühlt. Offensichtlich muß man bereits in jungen Jahren anfangen, wenn man im mittleren Lebensalter etwas erreichen will.

Das ganze Procedere dieser mündlichen Prüfung ist strikt ritualisiert: Es gibt besondere Gesten, die beim Fragen und Antworten beachtet werden müssen. Wer eine Frage stellt, streckt seinen Zeigefinger aus und fixiert den Prüfling mit den Augen. Wenn dieser nicht antworten kann, erfolgt vielleicht eine Geste des Triumphs. Wenn er aber antwortet, tut er dies ebenfalls von einer Geste begleitet. Es ist sehr anregend und dramatisch zu beobachten, auch wenn man den abstrusen Wortgefechten nicht zu folgen vermag. Dieser Typus formalisierter Debatten ist unter den Gelugpa sehr beliebt – sie verwenden darauf Stunden. Wer ein Kloster besucht, findet dort im Innenhof unter Bäumen Gruppen junger Mönche, die ihre Debattierkünste einüben. Sogar wenn sie mit irgendeiner anderen Art von Arbeit beschäftigt sind, kann es vorkommen, daß plötzlich einer sich dem anderen zuwendet und ihm eine Frage über Logik entgegenschleudert oder über die „Vollendung der Weisheit", so daß sie stets auf der Hut sein müssen.

Obwohl die Geshe-Ausbildung sehr umfassend ist, beschäftigt sie sich nur mit hīnayānischen und mahāyānischen Problemen. Die fünfte Art des tibetischen Mönches ist jener, der Theorie und Praxis des Tantra beherrscht. Es ist der Lama Gyüpa, was soviel bedeutet wie „Lama in der Linie", das heißt der Lama in der tantrischen Tradition des Guru-Schüler-Verhältnisses. Bei den Gelugpa ist es Brauch, daß man erst nach dem Erreichen der Geshewürde die volle tantrische Ausbildung erhält. Man ist der Ansicht, Studium und Praxis des Tantrismus, des Vajrayāna, sollten erst begonnen werden, wenn Hīnayāna und Mahāyāna sorgfältig studiert worden sind. Andere Schulen sind nicht so streng und lassen es in manchen Fällen zu, daß ein Schüler mit wenig oder keiner Kenntnis von Hīnayāna und Mahāyāna gleich den Tantrismus studiert.

Die drei großen Klöster in der Nähe von Lhasa – Ganden, Drepung und Sera – wurden für die Geshe-Ausbildung benutzt. Für tantrische Studien gab es zwei Lehranstalten in Lhasa, die man besuchen konnte, wenn man den Grad eines Geshe erreicht hatte. In diesen Schulen herrschte rigorose Disziplin. Während man beispielsweise in den größeren Klöstern ein eigenes Zimmer hatte, schlief man in diesen Ausbildungsstätten zu zweit oder dritt nur unter einer dünnen Decke zusammen. Es wurde eine strikte Routine befolgt. Sie begann sehr früh am Morgen – eine Abfolge von Studien, Meditation, Diskussion und allerlei praktischen Übungen. Mein Lehrer und Freund Dhardo Rinpoche besuchte eine tantrische Schule, nachdem er in Drepung Geshe geworden war, konnte dort aber nur ein Jahr bleiben, da seine Gesundheit unter diesem strengen Lebensstil litt. Anscheinend kommt dies ziemlich oft vor.

Die Lama Gyüpa, die ihre tantrische Ausbildung vollendet haben, sind bei Laien wie Mönchen besonders hoch angesehen. Als viele Flüchtlinge Tibet verließen, besonders nach dem Lhasa-Aufstand von 1959, waren nicht wenige Mönche darunter. Ich kann mich erinnern, daß Dhardo Rinpoche besonders besorgt war um das Schicksal der Lama Gyüpa. Ich fragte ihn, warum er dies war. Daraufhin erklärte er mir, den Lehrstoff der Geshe fände man in Büchern, so daß, wenn die Geshe nicht überlebten, ihr Wissen in Buchform erhalten bliebe. Hingegen werde das Wissen der Lama Gyüpa lediglich mündlich überliefert. Ihre Lehren wurden nicht aufgezeichnet, sondern lebten in den spirituellen Erfahrungen der Lama

Gyüpa und seien deshalb nicht so leicht zu bewahren. Wenn die Lama Gyüpa ihre mündliche Tradition nicht mehr weitergeben könnten an andere, so sei sie zum Aussterben verurteilt.

Der sechste tibetische Mönchsgrad ist der des Khenpo, was gewöhnlich mit „Abt" übersetzt wird. Es entspricht dem indischen *upādhyāya* oder „Lehrer", anders gesagt handelt es sich um den, der Ordinationen erteilt. Ein Khenpo ist das Oberhaupt seines Klosters. Wenn zu einem Kloster mehrere Lehranstalten gehören, wie im Falle von Drepung und Sera, so wird jeder einzelnen Lehranstalt ein eigener Abt vorangestellt. Diese Äbte dienen unter einer Art von Großabt. Traditionell wird ein Khenpo vom Dalai Lama auf Verlangen des Klosterkonzils bestallt. Dies ist ein eher demokratischer Vorgang. Nach dem Tod eines Khenpo erwählt sich ein Konzil oder eine leitende Körperschaft des Klosters einen ihrer Geshe oder Lama Gyüpa (manchmal auch jemanden aus einem anderen Kloster) zum neuen Khenpo, was dann vom Dalai Lama bestätigt wird. Nur sehr selten lehnt er einen vom Konzil vorgeschlagenen Kandidaten ab, obwohl er die Amtsgewalt hat, dies zu tun. Unter der Aufsicht des Khenpo arbeiten Laien-Administratoren, die für den klösterlichen Ablauf verantwortlich sind, und auch verschiedene monastische Amtsträger, die für die Ordenszucht oder den Ablauf von Zeremonien zuständig sind.

Eine Frage bleibt: Wie steht es mit den wiedergeborenen Lamas? Die Antwort ist recht einfach. Die wiedergeborenen Lamas benötigen keinen Platz in diesem System. Die sechs Grade des Mönchswesens werden entweder durch Ordination oder durch Prüfung oder durch Ernennung erlangt. Wiedergeborene Lamas gehören zu einer anderen Kategorie. Sie werden nicht gemacht, sondern geboren. So wird der Dalai Lama in seine Position nicht hineingewählt und daher auch nicht examiniert, um Dalai Lama zu werden. Er ist nicht einmal notwendigerweise der gelehrteste Mönch. Er ist nur jemand, der anerkannt wurde als die Reinkarnation des früheren Dalai Lama. Ebenso sind alle inkarnierten Lamas oder

Nirmāṇakāyas – Tulkus, wie sie die Tibeter nennen – Menschen, die von Geburt an, oder kurz nach ihrer Geburt als Reinkarnationen ihrer Vorgänger angesehen und anerkannt worden sind. Deshalb gibt es keine besondere Kategorie wiedergeborener Lamas in der Klassifizierung des tibetischen Mönchswesens.

Trotzdem durchlaufen – besonders bei den Gelugpa – die inkarnierten Lamas alle sechs Grade. Nach ihrer Auffindung oder Identifikation werden sie als Genye ordiniert, im Alter von sieben oder acht dann zum Getsul, und wenn sie um die Zwanzig sind, zum Gelong. Lange vorher jedoch haben sie bereits ihre Ausbildung zum Geshe begonnen, oft schon als Achtjährige. Wer so jung beginnt, hat das Ziel schnell erreicht. Manchmal erreichen sie die Geshe-Würde, oft mit Glanz und Gloria, bereits mit Mitte Zwanzig. Die anderen Mönche fangen erst später an und brauchen viel länger, aber die inkarnierten Lamas scheinen das System viel schneller zu durchlaufen. Gewöhnlich werden sie daraufhin Abt im Kloster ihres Vorgängers. Da sie Wiedergeburten der berühmtesten Äbte darstellen, sieht man in ihnen in gewisser Weise eine Art von Khenpos.

Viele Autoren im Westen benutzen das Wort „Lama" unterschiedslos in bezug auf tibetische Mönche. Das Sanskrit-Wort *uttama* jedoch bedeutet „Übergeordneter", im Sinne eines spirituell Übergeordneten, eines Lehrers, eines Gurus. Der tibetische Buddhismus legt großen Wert auf das Wirken des Lama. Man geht tatsächlich soweit, den Lama als das vierte Juwel des Buddhismus zu bezeichnen. Wie die Buddhisten aller Traditionen benutzen die tibetischen Buddhisten die Formel: „Ich nehme meine Zuflucht zum Buddha, ich nehme meine Zuflucht zum Dharma, ich nehme meine Zuflucht zum Sangha." Damit drücken sie ihre Verpflichtung auf die Verwirklichung dieser drei höchsten Werte aus. Aber davor sagen die Tibeter: „Ich nehme meine Zuflucht zum Lama (oder Guru)." Dies tun sie, da nach tibetischer Tradition Buddha, Dharma und Sangha nur durch den Lama, den spirituellen Meister und Lehrer, erfahrbar werden.

Im engeren Sinne sind lediglich die Lama Gyüpa und die Khenpos Lamas, unabhängig davon, ob sie Tulkus sind oder auch nicht. In Tibet werden Mönche gewöhnlich kollektiv als Trapas, buchstäblich „Lernende", bezeichnet, weil sie ihr ganzes Leben unablässig mit Studien zubringen. Ob sie fünfzehn oder fünfzig sind, sie betrachten das Leben aus der Sicht eines Studenten, eines am Lernen Interessierten, eines Wissensdurstigen, der sich nicht damit befaßt, in der Welt voranzukommen.

Eine weitere, oft gehörte Bezeichnung ist *Rinpoche*, was eine Form der Anrede darstellt. Es ist eine Übersetzung des Sanskritwortes *mahāratna* und bedeutet „Kostbarer". Sie wird angewendet, wenn man über Mönche der Grade vier bis sechs, also Geshe, Lama Gyüpa und Äbte spricht oder sie anredet. Wiedergeborene Lamas werden ebenfalls als Rinpoche angesprochen. Gelegentlich benutzt man diese Anrede auch für sehr alte oder sehr gelehrte und fromme Mönche, auch wenn sie dem Grade nach nicht Geshe sind, um ihrem fortgeschrittenen Alter oder ihrer großen Gelehrsamkeit Respekt zu erweisen.

Die Mönche aller Grade leben in aller Regel in *Gompas*, das sind Klöster *(Gompa* bedeutet „Meditationsort"). Normalerweise sind sie in einem bestimmten Kloster eingeschrieben, so daß sie offiziell dorthin gehören und nur mit Erlaubnis abwesend sein dürfen. Aufseher gehen allnächtlich herum und kontrollieren, ob jeder Mönch in seiner Zelle ist. Sie tragen große eisenbeschlagene Stöcke, die sie im Vorübergehen auf den Boden schlagen, damit man sie kommen hört. Der Aufenthalt jenseits des Klostertores ist zu dieser Stunde verboten. Ansonsten muß man bis zum Morgen vor der Pforte warten. Sehr selten erlaubt man den Mönchen, ihr altes Heim und ihre Familie zu besuchen, vielleicht einmal im Jahr oder jedes zweite Jahr.

Wie verbringen die Mönche ihre Zeit? Erstens finden in allen Klöstern, in den großen wie den kleinen, liturgische Handlungen statt, mindestens zwei oder drei am Tag. Dabei muß gesungen werden, was von Hörnerblasen, Trommelschlag und

Zimbelklang begleitet wird. Das Zusammenspiel erzeugt eine starke Wirkung. Mehrmals täglich sitzt man ein, zwei Stunden lang und rezitiert singend die Worte der heiligen Schriften, vielleicht das Diamant-Sūtra oder das Herz-Sūtra, oder Anrufungen an die Lamas, Lobpreisungen des Buddha oder Zusammenfassungen der Lehre.

Dann ertönt der gewaltige Schall der großen Trompeten, das Rasseln von Handtrommeln, der höhere Ton von Klarinetten zur Anrufung von Buddhas und Bodhisattvas, begleitet von den außerordentlich tiefen Baßstimmen der Mönche. Einmal hörte ich den Dalai Lama im japanischen buddhistischen Tempel von Bombay singen. Seine Stimme füllte den Raum; es war wohl die tiefste Stimme, die ich je gehört habe. Er war damals erst Mitte Zwanzig, aber seine Stimme war so tief, als er die Mantras sang, daß der ganze Raum zu vibrieren schien. Die Leute erzählten mir später, daß ihnen dabei ein Kribbeln den Rücken hinauf und wieder hinunter lief.

Stellen Sie sich also vor, wie es ist, wenn nicht allein ein Mensch, sondern eine ganze Mönchsschar damit anfängt. Versetzen Sie sich ins Halbdunkel einer großen Halle, mit massigen Buddhastatuen an einem Ende und Thangkas an den Wänden, mit Weihrauch und flackernden Butterlampen, untermalt vom Klang von Musikinstrumenten, und dann Hunderte oder sogar Tausende von Stimmen, die zusammen in diesen sehr tiefen Stimmlagen singen, eine Woge voller Klang aussendend, die aus allen Ecken der Mönchsversammlung zu dringen scheint. Es gibt nichts Vergleichbares hinsichtlich Lautstärke, Tiefe und Intensität des Gesangs. Stellen Sie sich einmal vor, zwei, drei, vier, oder sogar fünfmal täglich dieser Art liturgischer Meditation beizuwohnen. Sie werden von der Welle des Gesangs weggetragen. Sie brauchen wohl kaum aktiv zu meditieren, Sie müssen sich lediglich forttragen lassen. Man muß kein sehr heiliger Mönch sein, kein großartiger Geshe, man muß nicht Logik oder Ordensregeln gut im Kopf haben, doch wenn man an dieser Art „Gottesdienst" mehrmals täglich teilhat, so kann das nicht wirkungslos bleiben.

Zu anderen Zeiten singen die Mönche vielleicht mit Freunden, lesen und studieren in ihren Zellen, malen Bilder, hacken Holz für die Klosterküche, pflügen oder ernten auf den Klosterfeldern oder schleppen große Wassereimer Hunderte von Steintreppenstufen hinauf. Aber egal, womit sie gerade beschäftigt sind, beim Erschallen der Trompeten legen sie alles nieder und begeben sich in den Schrein. Wer dies Woche für Woche, Monat für Monat, Jahr um Jahr tut, erreicht einen Punkt, an dem er sich nicht mehr an die Zeit vor seinem Mönchsdasein erinnert, denn offensichtlich prägt ihn das alles so sehr, drückt ihm seinen Stempel auf. In manchen Klöstern wird ein Drittel der Zeit mit den großen Gesangszeremonien gefüllt. Alle Mönche – seien sie nun große spirituelle Meister oder Köche oder Zimmerleute – nehmen daran teil.

Intellektuelle Mönche nutzen ihre verbleibende Zeit für Studien. Sie lesen die Schriften, fragen ihre Lehrer um Erklärungen, diskutieren unter sich und üben die formale Debattierkunst. Sie meditieren auch, lehren, wenn sie dazu qualifiziert sind, und einige üben auch weltliche Berufe aus. Die Ärzte in Tibet waren früher meist Mönche. Es gab eine Medizinschule in Lhasa zur Ausbildung von Mönchen zu praktischen Ärzten, in der eine Mischung von indischer und chinesischer Heilkunde, u. a. auch Akupunktur, gelehrt wurde.

Außerdem gibt es auch künstlerisch tätige Mönche. Die meisten Thangkas oder Rollbilder sind von Mönchen gemalt. Es gibt Schreiner, die die Klostermöbel machen, und Schneider, die neben Mönchsroben auch Gewänder für Laien anfertigen. So können sie sich nebenbei ein wenig Geld verdienen, die Tibeter halten das für akzeptabel. Natürlich muß die große Mönchsmenge bekocht werden, deshalb gibt es unter den Mönchen Köche und Chefköche, die alltäglich für Hunderte oder Tausende von Mönchen kochen. Ich kann mich noch erinnern, wie einst in Kalimpong ein neues Restaurant mit tibetischer, chinesischer und indischer Küche eröffnet wurde und jedermann dorthin ging. Ich fragte jemanden, warum es so populär sei, und erfuhr, daß unter den neu aus Tibet eingetroffenen Flüchtlingen einige der besten Köche des Klosters

Drepung waren. Eben diese betrieben nun das neue Restaurant. So konnten sie sich, obwohl sie Flüchtlinge waren, schnell eine neue Existenz aufbauen.

Tibetische Mönche tragen dunkle rotbraune Roben. Sie sehen alle gleich aus, unabhängig von Rang oder Schule (obwohl die Nyingmapa Roben tragen, die einen Stich heller sind). Die drei gelben Roben indischer Tradition sind von den tibetischen Mönchsorden zwar übernommen worden, sie sind jedoch im Normalfall der zeremoniellen Verwendung vorbehalten.

Bisher habe ich nur von Mönchen gesprochen. Wie verhält es sich mit den tibetischen Nonnen? Es gibt keine Bhikṣunīs, keine voll ordinierten Nonnen in Tibet, und es gab sie auch nie. Diese Ordination war vermutlich deshalb nicht eingeführt worden, weil es in Tibet nie genug indische Bhikṣunīs gab, um das nötige Quorum zu bilden. Die tibetischen Nonnen sind vom Status her entweder Genyemas, Anwärterinnen, oder Getsulmas, Novizinnen. Es gibt ziemlich wenige davon. In Kalimpong traf ich Hunderte von geflüchteten Mönchen, aber nur eine Handvoll Nonnen.

Tibetische Nonnen leben in einem *ani gompa*, einem Nonnenkloster, es gab aber auch zwei weitere Arten von Nonnen. Zum einen gab es Frauen aus begüterten Familien, die lieber zu Hause als in einem Konvent lebten. Die Familie stellte einige zusammenhängende Zimmer oder vielleicht auch ein kleines Wohnhaus auf ihrem Grund zur Verfügung für die Tochter oder Mutter oder Schwester, die zur Nonne geworden war. Gewöhnlich kam regelmäßig ein gelehrter Mönch zu Besuch, um Unterweisungen zu geben. Obwohl die Nonne ihr eigenes Reich mit Küche und Schrein besaß, lebte sie praktisch noch zu Hause unter der Aufsicht ihrer Familie. Aufgrund der oftmals ungewissen sozialen und politischen Bedingungen über weite Strecken der tibetischen Geschichte war dies manchmal für Nonnen die sicherste Lebensweise.

Zum anderen gab es eine Anzahl wandernder Bettelnonnen, die vielleicht ordiniert waren oder auch nicht. Einige von ihnen waren rauhbeinige Naturen, andere dagegen sehr fromm und spirituell, ziemlich wie die indischen weiblichen

Sādhus. Es gab auch einige Eremitinnen – Nonnen oder weibliche Laien –, die ungeachtet aller Gefahren für sich alleine in Wäldern oder Berghöhlen lebten, um nach dem Vorbild des Milarepa einfach nur zu meditieren. Es gab auch einen inkarnierten weiblichen Lama, die berühmte Dorje Pagmo, die Äbtissin eines Klosters von fünfhundert Mönchen war. Offensichtlich war Tibet das einzige Land in der buddhistischen Welt, wo so etwas möglich war. Leider begab sich die gegenwärtige Dorje Pagmo nach Peking und soll dort im Radio kommunistische Propagandareden gehalten haben.

Laienbuddhisten sind zahlreich in Tibet. Oft betreiben sie ihr spirituelles Leben ebenso ernsthaft wie Mönche und Nonnen. Die eifrigen Laienanhänger befolgen strikt die fünf *śīlas*, die Vorschriften. Aber die meisten buddhistischen Laien sind „ein *śīlaupāsakas*" – sie befolgen nur die erste Vorschrift, die es verbietet, zu töten. Dies geschieht nicht, weil sie die anderen Vorschriften für unwichtig halten, sondern weil sie es für eine große Sünde halten, Vorschriften auf sich zu nehmen, die man dann nicht halten kann. Daher nehmen sie nur Vorschriften an, von denen sie auch sicher sind, daß sie sie befolgen können. Einige wenige bekennen sich lediglich zu den drei Zufluchten des Buddhismus.

Nach meiner Erfahrung sind tibetische Laien sehr generös, insbesondere spenden sie viel Geld und unterstützen ihre Religion auch durch Sachspenden. Während meiner frühen Tage in Kalimpong lernte ein Kaufmann aus Kham in Osttibet neben anderen Tibetern bei mir Englisch. Er erzählte mir, daß die Leute dort gewöhnlich ein Drittel ihres Einkommens in der einen oder anderen Weise für den Buddhismus aufwendeten. Sie teilten ihr Einkommen in drei gleiche Teile. Ein Drittel gaben sie für häusliche und berufliche Belange aus, ein Drittel verwendeten sie zum Vergnügen, also für Picknicks, Geldspiele und Pferderennen – von diesen Vergnügen sind die Tibeter angetan –, und der Rest wurde für Klöster gespendet, den Mönchen geschenkt. Oder man bestellte neue Bilder und Malereien, und Totenzeremonien und anderes mehr wurden finanziert.

Die meisten tibetischen Laien rezitieren, genau wie die Mönche, regelmäßig Mantren. Sie sind fast alle in die Meditation über einen Buddha oder Bodhisattva eingeweiht. Ihre Mantren rezitieren sie, sooft es ihnen möglich ist. Möglicherweise singen sie ihre Mantren, während sie die Straße entlanggehen. Vielleicht sitzt eine Frau nach des Tages Arbeit auf ihrer Türschwelle und rezitiert ihre Mantren still für sich. Man merkt im Vorübergehen, daß sie gerade in sich versunken sind. Sie rezitieren in keiner Weise mechanisch, sondern vielmehr inbrünstig und aus vollem Herzen.

Jedes tibetische Heim hat (oder wenigstens: hatte) einen Hausaltar mit einem Bildnis eines Buddha oder Bodhisattva. Dieser Schrein, der im Wohnzimmer, wo die Besucher unterhalten werden und Gäste übernachten, den Ehrenplatz einnimmt, ist der Mittelpunkt des gesamten Haushalts.

Pilgerfahrten spielen eine weitere Hauptrolle im Leben eines tibetischen buddhistischen Laien. Es steckt immer noch einiges vom alten Nomadenleben in den Tibetern. Sie lieben es zu wandern, auf lange Reisen überall in Tibet zu gehen – früher sogar überall in Indien – und Schreine und heilige Stätten aufzusuchen. Manchmal ziehen sie sich auch zur Meditation zurück. Ein Familienvater überläßt vielleicht Familie und Geschäft seiner Frau und zieht sich drei Monate zurück, um zu meditieren und Mantren aufzusagen. Auch die weiblichen Laien nehmen aktiv am religiösen Leben teil. Man sieht sie an allen möglichen religiösen Feierlichkeiten teilnehmen, an Zelebrationen, Pūjās und anderem. Oft übernehmen auch Frauen die Initiative, denn sie haben eigene religiöse Organisationen, eigene Prozessionen, eigene Treffen und veröffentlichen eigene Schriften.

Tibetische Buddhisten verwenden große Aufmerksamkeit auf Rangunterschiede auf sozialem, religiös-organisatorischem und spirituellem Gebiet. Diese werden bei allen formalen religiösen Gelegenheiten strikt befolgt. Für die tibetischen Buddhisten besteht die Wichtigkeit in dem Umstand, daß so die wichtigen Prinzipien der spirituellen Hierarchie widergespiegelt werden. Wie der Dharma einen Weg darstellt, so muß es auf diesem Weg verschiedene Stationen geben, verschiedene Grade der Erreichung und Verwirklichung von Zielen. Daher kann man Menschen als eine eine Kette bildende hierarchische Abfolge betrachten. Alles, was sie tun und was in Zusammenhang mit ihnen getan wird, soll diese Hierarchie von erreichten Graden widerspiegeln. Die Tibeter sind deshalb sehr auf Dinge bedacht, denen wir im Westen relativ wenig Beachtung schenken. Wenn man zum Beispiel an einer religiösen Zeremonie in einem tibetischen Tempel oder Kloster teilnimmt, bemerkt man, daß alle Sitze nach Graden abgestuft sind. In Nähe des Altars sind die Sitze sehr hoch, etwa einmeterachtzig hoch, wie Throne. Dann werden sie stufenweise kleiner, bis man schließlich nur noch auf einer einfachen Matte sitzt. Hier kommen keine ästhetischen Prinzipien zum Tragen, sondern die strikten Ideen von Vorrang und Hierarchie. An der Anzahl der Zentimeter, die der Ihnen zugewiesene Sitzplatz Sie über den Boden erhebt, sehen sie sofort, wie hoch oder niedrig Sie von den Tibetern eingeordnet werden.

Wann immer ich tibetische Zeremonien in meinem Kloster in Kalimpong abhielt, hatte ich besonders vorsichtig zu sein – besonders wenn ich bestimmte wiedergeborene hochrangige Lamas einlud –, um jedem die ihm zustehende Art von Kissen, die richtige Anzahl von Brokatstreifen usw. zukommen zu lassen. Das Protokoll ist eine Kunst für sich geworden. Sogar die bei Teezeremonien verwendeten Tassen rangierten von einfachen Porzellantassen über kunstvollere Tassen mit Deckeln und Standfuß, bis hin zu prachtvollen Jadebechern auf Silberständern. Wenn Sie einmal Ihren Tee in einem antiken Jadegefäß auf einem massivsilbernen Untersatz und mit einem goldenen Deckel, der von einem großartigen Edelstein bekrönt ist, serviert bekommen, so wissen Sie, daß Sie es wirklich zu etwas gebracht haben.

Im Zusammenhang mit diesem Standes- und Rangdenken werden – oder wurden – in Tibet die Mönche, und in geringerem Umfang die Nonnen, mit Ehrfurcht und Ergebenheit behandelt. Gleichzeitig war die Verbindung zwischen Mönchen und Laien sehr eng. Jede Familie hatte jemanden, der eine

Robe trug, einen Sohn oder Bruder, der Mönch war, somit hatten sie ihre eigenen Repräsentanten in den Klöstern. Wenn ein weiterer aus der Familie Mönch werden wollte, ging er für gewöhnlich zum selben Kloster, so daß er von seinem Onkel oder Bruder unterwiesen wurde. Neben dieser Verbindung zwischen Mönchen und Laien existiert auch die ökonomische Abhängigkeit der Mönche von den Laien, wenn auch in geringerem Umfange, als man dies in Südostasien betrachten kann, wo es für den Mönch entwürdigend ist, zu arbeiten oder überhaupt etwas mit den Händen zu tun. Wie wir gesehen haben, ist dies in Tibet nicht der Fall.

Die Laien sind meistenteils in bezug auf spirituelle Führung und Anweisung von den Mönchen abhängig. Sie gehen öfter in die Gompas und besuchen und konsultieren die Mönche, um Pūjās zu begleiten, für die Teilnahme an Prozessionen oder um Vorlesungen zu hören. Oft laden sie die Mönche zu sich nach Hause ein. Den Mönchen steht es frei, tagsüber auszugehen. Sie bekommen auch Erlaubnis, für Tage oder Wochen abwesend zu sein, um im Hause eines Laien zu lehren, Zeremonien durchzuführen und aus ähnlichen Gründen mehr. So gibt es ein ständiges Kommen und Gehen zwischen den Häusern der Laien und den Klöstern. Die spirituelle Verbindung ist viel enger als in Ländern des Theravāda-Buddhismus, wo Mönche und Laien ziemlich scharf voneinander abgegrenzt sind. Nach theravādischer Auffassung ist das Heilsziel des Mönches die Erleuchtung, das des Laien eine gute Wiedergeburt. Dies führt zu einer gewissen Trennung zwischen Mönchstum und Laienschaft. Dagegen streben im tibetischen Buddhismus Mönche wie Laien nach Erleuchtung. Ob Mönch oder Laie, alle tibetischen Buddhisten verbindet das Ideal der Bodhisattvaschaft. Sie glauben gemeinsam, daß sie Erleuchtung zum Wohl aller Lebewesen erlangen sollten. Ernsthafte tibetische Buddhisten, Mönche wie Laien, nehmen Bodhisattva-Ordination und Bodhisattva-Gelübde auf sich – das Gelübde, nach Erleuchtung nicht nur um ihres Heils, sondern um des Heils aller fühlenden Wesen wegen zu streben.

Neben diesem Gelübde nehmen sie es möglicherweise auch noch auf sich, den Bodhisattva-Vorschriften zu folgen, das sind gemäß tibetischer Überlieferung achtzehn große und sechsundvierzig kleinere. So ergibt sich ein gemeinsamer Faktor für das spirituelle Leben von Mönchen und Laien im buddhistischen Tibet. Wir können sogar sagen, daß die Bodhisattva-Regeln dazu geführt haben, den gesamten Charakter des tibetischen Buddhismus zu formen. Die erste Bodhisattva-Regel ist recht einfach (einfach zu verstehen, nicht unbedingt einfach zu befolgen). Sie besteht darin, sich nicht selbst zu rühmen oder andere herabzusetzen. Auf die eine oder andere Art tun wir dies alle fortwährend, individuell wie kollektiv. Wir wollen uns stets gerne selbst hochhalten und andere verurteilen. So preisen wir unser Land auf Kosten anderer Länder, unsere Religion auf Kosten anderer Religionen oder uns selbst auf Kosten anderer Personen. Die erste Regel also ist, dies zu unterlassen – tatsächlich kritisieren Tibeter sehr ungern. Insbesondere ist es für sie schlechterdings undenkbar, die Religion eines anderen Menschen zu kritisieren.

Eine weitere Regel besteht in der Warnung, jemanden nicht in der Śūnyatā-Lehre, der Lehre von der Leerheit der Dinge, zu unterweisen, der dafür noch nicht reif ist. Die Lehrinhalte müssen auf die psychologischen und spirituellen Bedürfnisse der entsprechenden Person abgestimmt werden. Es gibt auch eine Regel, die es verbietet, das Hīnayāna herabzusetzen. Es wird als nicht so voll entwickelt wie das Mahāyāna angesehen, ist aber eine unentbehrliche Vorstufe. Ebenso könnte man fälschlicherweise behaupten, die niederen Sprossen einer Leiter seien unwichtiger als die höheren Sprossen. Eine weitere Regel besteht in der Bestimmung, das *bodhicitta*, den Wunsch zur Erleuchtung für das Wohl aller, nicht fallenzulassen. Wie schwierig die Umstände auch immer sein mögen, wie unmöglich andere Personen auch immer sein mögen, man darf niemals das Ziel aufgeben, daß auch sie eines Tages die Erleuchtung erfahren werden und zur Buddhaschaft gelangen.

Eines der kleineren Vergehen für jemanden, der das Bodhisattva-Gelübde abgelegt hat, besteht darin, einem höhergradigen Bodhisattva-Ordinierten keinen Respekt zu erweisen. Ein weiteres ist es, Übeltäter zu verachten, weil man denkt, sie seien weniger tugendhaft als man selbst. Dies mag der Fall sein, darf aber kein Grund sein, auf sie herabzublicken. Es ist auch ein Verstoß, unachtsam zu lachen. Dies bedeutet nicht, man dürfe nicht mehr lachen, aber wenn man zum Bodhisattva geworden ist oder zum Anwärter der Bodhisattvaschaft, sollte man dies nicht gedankenlos oder achtlos tun. Eine weitere Regel gebietet, sollte es in der Nachbarschaft Streit geben, diesen zu schlichten und den Zorn zu befrieden. Nach dem Mahāyāna ist Zorn der schlimmste aller Bewußtseinszustände. So sollten wir auch bei nur geringen Hinweisen darauf in unserer Umgebung versuchen, ihn zu lindern. Ein weiterer Verstoß ist es, die Kranken zu vernachlässigen – eine sehr lebensnahe praktische Vorschrift. Ebenfalls gilt es als Verstoß, sich nicht genug um den Kreis eigener Schüler und Studenten zu kümmern.

Diese Vorschriften beleuchten den Geist des tibetischen Buddhismus, das gemeinsame Ideal von Mönchen und Laien. Wie auch immer ihr Unterschied im Lebensstil, der Art der Ordination und dem Grad der spirituellen Erreichung sein mag, das gemeinsame und vereinende Element aller tibetischen Buddhisten ist ihre Verehrung und Hingabe an das Bodhisattva-Ideal, das Ideal der Erleuchtung zum Wohle aller Wesen.

5
Symbole der tibetischen buddhistischen Kunst

Wie gesagt ist der tibetische Buddhismus eine direkte Fortführung des indischen Buddhismus, so als wäre der indische
Buddhismus in Indien nur gestorben, um auf der Erde Tibets
wiedergeboren zu werden. Gleichermaßen ist die tibetische
buddhistische Kunst weitenteils eine Fortführung der indischen buddhistischen Kunsttradition, besonders der der Pāla-
Dynastie Ostindiens im achten bis zwölften Jahrhundert. Der
tibetische Buddhismus setzte diese Kunsttradition besonders
in der Ikonographie fort, das bedeutet in der Darstellungsweise von Buddhabildnissen, Bodhisattvas, Ḍākinīs usw. Es
gibt auch einige Einflüsse von Seiten der nepalesischen buddhistischen Kunst, aber diese Kunst ist ihrerseits ebenso von
der Pāla-Kunst beeinflußt worden.

Chinesische Einflüsse spielen für die tibetische Kunst nur
eine untergeordnete Rolle und zeigen sich hauptsächlich in
Fragen des Details. Wenn wir beispielsweise Thangkas, also
gemalte Rollbilder, betrachten, sehen wir, wie die Ikonographie der Figuren – ihre Farben, das Zeremonialgerät, das sie
tragen, ihr Ausdruck und ihre Gestik, ihre Insignien und Em-
bleme – gänzlich von der indischen ikonographischen Tradition beherrscht wird. Bei der Betrachtung von kleineren Details, wie etwa der Darstellungsweise von Gebirgen, Blumen,
Wolken, Flüssen oder Wasserfällen, begegnet man hingegen
eindeutig chinesischer Kunsttradition. Wir finden einen be-
zaubernden Kontrast zwischen der indischen Tradition, die
sich in der Ikonographie zeigt, und dem chinesischen Einfluß,
der sichtbar wird in der Darstellung von Naturobjekten, vielleicht besonders in der von Wolken, die oft sehr schön sind, in
Bewegung und schillernd. Ohne Zweifel erfordert es sehr viel

Können, um sie auf solche Art und Weise wiederzugeben. Dieser chinesische Einfluß ist naturgemäß in der Kunst der an China angrenzenden Regionen Osttibets stärker ausgeprägt. Die tibetische Kunsttradition nimmt auch viele chinesische Motive auf, wie den Phönix und den Drachen. Sie symbolisieren die Yin- und Yang-Kräfte im Universum und kommen sowohl in der tibetischen wie auch in der chinesischen Kunst vor. Man findet sie z. B. in Behänge eingewebt oder in das Holz von Schreinen geschnitzt, wobei der tibetische Phönix als auch der tibetische Drachen genaue Wiedergaben ihrer chinesischen Vorbilder sind.

Wenn wir die indischen und chinesischen Elemente in der tibetischen buddhistischen Kunst genauer unter die Lupe nehmen, stellen wir fest, daß die spezifisch religiösen Komponenten eher indischer, die säkularen Komponenten dagegen chinesischer Herkunft sind. Oftmals kommen beide Aspekte voneinander getrennt, Seite an Seite vor, die schönsten Beispiele tibetischer Kunst zeigen jedoch eine perfekte Mischung beider Aspekte. In ihrer größten Vollendung ist die tibetische Kunst weder indisch noch chinesisch, noch beides vermischt, sondern sie ist einzig und charakteristisch tibetisch. Gleichzeitig jedoch erscheint der originäre tibetische Beitrag eher etwas mager. Die tibetische buddhistische Kunst bezieht ihre religiöse Inspiration aus Indien und ihre säkulare oder ästhetische aus China. Obwohl sie beides zu etwas Besonderem und Unverwechselbarem verbindet, nimmt sie kaum etwas aus eigenständigen, einheimischen Quellen auf.

Der Mangel an Eigenständigkeit bringt uns vielleicht zum entscheidenden Charakteristikum tibetischer Kunst. Wir sprechen von tibetischer buddhistischer Kunst, aber genau genommen ist dieser Begriff eine Tautologie. Tibetische Kunst an sich ist ganz und gar buddhistisch, völlig religiös. Es gibt keine säkulare tibetische Kunst, zumindest keine nennenswerte. Das hängt mit der gesamten tibetischen Lebensart zusammen, jedenfalls zumindest bis zum Anschluß an das moderne China. Der gesamte Ablauf des Lebens war in Tibet auf bestimmte traditionelle Werte hin ausgerichtet, auf spirituelle Werte, die im Laufe der Jahre durch die Abfolge von Lehrer-Schüler-Beziehungen weitergereicht worden waren. Daher liefern auch alle Aspekte der tibetischen Lebensweise, insofern sie mit derartigen Werten auf die eine oder andere Art verknüpft sind, Zugang zu eben diesen Werten. Dies betrifft alle Lebensbereiche: Wirtschaft, Regierung, Verwaltung, ja selbst Sitten und Gebräuche, wie wir am Beispiel der Ideen über Vorrangstellungen im Kapitel 4 erfahren haben.

Weil eben diese Aspekte des Lebens eng mit spirituellen Idealen verflochten sind, darf es nicht wundernehmen, daß tibetische Kunst und Literatur hauptsächlich von der Religion her geprägt erscheinen. Abgesehen vom Gesar-Epos gibt es, soweit mir bekannt ist, auf dem Gebiet der säkularen Dichtkunst nur noch ein schmales Bändchen mit Liebespoesie, das keinem anderen als dem sechsten Dalai Lama gewidmet ist. Ansonsten ist die tibetische Poesie gänzlich religiös. Analog dazu gibt es keine weltlichen Malereien und Bildhauerarbeiten. Wenn die religiöse Kunst das profane Leben darstellt, dann nur in untergeordneten Nebenszenen, etwa in einigen Illustrationen zum tibetischen Rad des Lebens. Musik, Tanz und Drama sind – abgesehen von etwas Volksmusik und Volkstanz – ebenfalls religiös. Sogar viele Bereiche des Kunsthandwerks, wie die Holzschnitzerei und Schmiedekunst sind im Grunde religiös geprägt.

Hauptsächlich ihrer Funktionalität wegen erscheint die tibetische buddhistische Kunst im heutigen Sinne als nicht besonders eigenständig. Sie versucht es auch gar nicht. Ein tibetischer buddhistischer Künstler würde das Streben nach Originalität als abwegig erachten. Er wäre wohl weit davon entfernt, seine eigenen Vorstellungen, sagen wir einmal vom Buddha Amitābha, spontan in ein Bild umzusetzen. Statt dessen sitzt er lieber in seinem Atelier oder seiner Werkstatt und wartet darauf, daß jemand vorbeikommt und ein Thangka mit eben diesem Buddha bei ihm bestellt.

Wenn man im Sinne hat, sich ein Bild zu bestellen, kommt man nicht sofort auf den geschäftlichen Teil der Angelegenheit zu sprechen. So etwas gehört sich nämlich nicht. Zuerst einmal tauscht man untereinander höfliche Nachfragen nach dem Gesundheitszustand aus, daraufhin ist es Sitte, Tee anzubieten und zu trinken. Erst dann darf man den Grund seines Besuches zur Sprache bringen. Die erste Frage, die es zu klären gilt, ist eher profan: Es ist die nach der Größe des gewünschten Thangka. Die zweite Frage besteht darin, ob man Gold verwendet haben möchte und wieviel davon, denn Gold wird extra berechnet. Wenn man dies soweit geklärt hat, stellt sich die Frage nach der Gottheit, die man abgebildet haben möchte. Wenn es sich um eine gut bekannte Figur, wie etwa den Amitābha, handelt, beherrscht der Künstler die Ikonographie auswendig. Andernfalls, wenn eine seltenere Figur dargestellt werden soll, wird er eine Schublade mit Holzschnitten durchwühlen. Sie enthält allerlei Darstellungen – Buddhas und Bodhisattvas, Ḍākiṇīs, Dharmapālas usw. Schließlich wird er davon eine auswählen und fragen: „Ist dies das Gewünschte?" Wenn dem so ist, wird er nach Ihrem Weggehen damit beginnen, die Konturen auf das Seidentuch zu übertragen.

Mit anderen Worten, das Bild wird gemäß der tradierten Ikonographie ausgeführt. Der Künstler stellt Amitābha nicht nach seinen eigenen Vorstellungen dar. Die Tradition legt vielmehr Proportionen und Farben, Körperhaltung und Insignien vorher schon fest. Es gibt einen Spielraum für individuelle Ausgestaltung, er ist aber sehr begrenzt, denn er beschränkt sich auf das säkulare, chinesisch beeinflußte Beiwerk, z. B. beim Malen der Landschaft, und auf die Darstellung der der Gottheit dargebrachten Opfergaben. Hier fließt manchmal viel Eigenständiges mit ein. Bessere Künstler produzieren natürlich bessere Kunst, sie halten sich jedoch stets an die tradierten Darstellungsweisen und würden nie versuchen, einen Buddha nach eigenem Gutdünken zu gestalten und der Malerei ihr Gepräge zu geben.

Sinn und Zweck der tibetischen religiösen Kunst besteht nicht darin, die Einstellung oder Mentalität der Persönlichkeit des Künstlers zum Ausdruck zu bringen. All die mannigfaltigen Formen der tibetischen Kunst haben ein Ziel, nämlich den

Betrachter, den einzelnen Buddhisten, mit dem, was die tibetische Tradition „Einheitsbewußtsein", absolutes Bewußtsein, *dharmakāya* oder Realität nennt, in Kontakt zu bringen. Wenn dies nicht möglich ist, will diese Kunst den Betrachter wenigstens in Berührung bringen mit einer höheren, breiteren und umfassenderen Stufe des Daseins und Bewußtseins. Die tibetische Kunst erreicht dies unter Zuhilfenahme von Symbolen.

Wir können Symbol definieren als „dasjenige, das durch Brauch oder Übereinkunft etwas anderes darstellt". Das heißt, Symbole haben einen über sich hinausweisenden Bedeutungsgehalt, sie stellen etwas anderes als nur sich selbst dar. Im Kontext der tibetischen Kunst ist ein Symbol mehr als dies. Es ist etwas anderes als z. B. ein mathematisches Symbol wie x, das für eine unbekannte Größe steht. Ein wahrhaftes Symbol kann als Objekt oder Phänomen in niederer Existenzform aufgefaßt werden, das für ein korrespondierendes Objekt auf höherer Existenzebene steht, es vertritt oder seinen Platz einnimmt. Diese Definition von Symbol basiert auf dem Konstrukt eines hierarchisch geordneten Systems von Realität. In einigen Kulturen wird die Sonne als Symbol eines Gottes aufgefaßt oder, wie bei Platon, als Symbol für das Gute. Dies geschieht, weil die Sonne – als Quelle von Wärme, Licht und Leben – in der physikalisch faßbaren Welt eine Position einnimmt, die der Gottes auf der spirituellen Ebene entspricht. Somit ist die Sonne nicht bloß Symbol im Sinne eines Stellvertreters Gottes, sondern vielmehr in dem Sinne, daß sie in ihrer eigenen Sphäre – der physischen Welt – direkt mit der höheren Realität der spirituellen Welt korrespondiert, die wir Gott nennen. Die gleiche Realität wird von zwei verschiedenen Standpunkten aus bzw. in zwei unterschiedlichen Zusammenhängen betrachtet.

Das gilt auch für die Symbole der tibetischen buddhistischen Kunst. Sie sind Symbole kraft ihrer Stellung in einem System von Entsprechungen, dem eine Hierarchie spiritueller Werte in einem Gesamtuniversum zugrunde liegt. Obwohl Symbole also materiell oder weltlich sind, erinnern sie uns an die Existenz einer höheren Daseinsordnung und bringen uns in gewisser Weise mit ihr in Berührung. Sie erlauben uns, mit dieser höheren Ordnung in Verbindung zu treten, und machen sie somit erfahrbar. Solche Symbole durchziehen alle vier Hauptbereiche tibetischen Kunstschaffens: Architektur, Malerei und Ikonographie, Ritualobjekte und die dekorativen Künste. Nunmehr wollen wir uns die beiden ersten Gebiete näher ansehen.

Architektur

Einer der wenigen eigenständig tibetischen Beiträge zur buddhistischen Kunst besteht in der Architektur. Zu den bekanntesten und schönsten Beispielen gehört der Potala in Lhasa: Palast, Kloster und Tempel – alles in einem. Er war ursprünglich ein Profanbau, eine Art Festung tibetischer Könige, wurde aber von dem großen fünften Dalai Lama in etwas charakteristisch Tibetisches umgeformt. Naturgemäß war der Stil der tibetischen Architektur großenteils vom dortigen Klima bestimmt. In Tibet benötigt man Schutz vor starken Winden und extremer Kälte. Die Baukunst wurde durch die vorhandenen Baustoffe geprägt. Es gibt viele Steine und Felsen, die sich zum Bauen eignen, hingegen sehr wenig Holz, da große Teile Tibets unbewaldet sind.

Diese beiden Gegebenheiten bestimmen die wesentlichen Merkmale tibetischer Sakralarchitektur. Wir finden enorm dicke Mauern, oft drei bis fünf Meter dick, die wie die Mauern europäischer Festungen dazu dienen, Kälte, Frost und Feuchtigkeit abzuhalten. Gewöhnlich ist die Grundstruktur recht einfach, sie besteht aus senkrechten Wänden, die sich leicht nach innen neigen, und flachen Dächern. Die auffälligsten Sakralbauten, die Klöster oder Gompas, liegen oft recht hoch in den Bergen, manchmal auf Klippen oder Felsausläufern. Ein Gompa erhebt sich aus dem Felsen wie ein natürlicher Bestandteil des Berges, so als wäre es aus dem Gestein auf natürliche Weise herausgewachsen. Dies trifft besonders auf den

Potala zu, aber auch auf viele Tempel und Klöster Tibets. Aus der Ferne betrachtet hält man sie leicht für Fortsetzungen der Berge selbst.

Diese Eigenart der tibetischen Architektur wird in einer Reihe von Malereien des Lama Govinda deutlich, der nicht nur ein bedeutender buddhistischer Autor, sondern gleichfalls ein begnadeter Künstler war. Viele seiner Bilder zeigen diese majestätischen, ziemlich unfruchtbaren und steinigen tibetischen Landschaften mit Gompas, die – in Höhen von mehreren tausend Metern über dem Meeresspiegel – aus den Bergen „herauswachsen". Dieser Architekturstil scheint insofern seine eigene symbolische Relevanz zu besitzen, als er an die Losgelöstheit des spirituellen Daseins vom profanen Alltagsleben erinnert. Beide hängen nicht aneinander, vielmehr erhebt sich das eine aus dem anderen, als Gipfel und Vollendung. Lama Govindas Bilder halten diesen Eindruck auf unvergeßliche Weise fest, aber auch schon Photographien der großen monastischen Heiligtümer Tibets zeigen, wie ihre Umrisse die der Berge fortführen. Diese Bauform ist spezifisch tibetisch, ist weder aus Indien noch China entlehnt.

Eine weitere architektonische Form in der tibetischen Landschaft ist besonders wichtig und gehört zu den verbreitetsten buddhistischen Symbolen: der Stūpa (Chörten auf Tibetisch). Dabei handelte es sich ursprünglich wohl um eine Art von Begräbnishügel, einen großen Erdhaufen, der in seinem Inneren die Asche eines großen Lehrers oder Helden barg, eines Buddha oder Arhat oder eines großen Königs. Stūpas sind bekannt im Bereich der indischen buddhistischen Kunst und Architektur, aber die Tibeter übernahmen die Stūpas auf ihre eigene Art und Weise, wie auch die Buddhisten anderer Länder dies taten. Es gibt vielerlei verschiedene Stūpas in Tibet, aber die Grundstruktur ist recht einfach.

Der Stūpa besteht im wesentlichen aus einer geometrischen Form, die die fünf Elemente Erde, Wasser, Feuer, Luft und Raum oder Äther (ākāśa) symbolisiert. Wie ein Würfel stabil ist und nicht leicht umgestoßen werden kann, so steht Erde für Stabilität. Sie ist das massivste Element, das schwerste, und ihr Vertreter, der Würfel, bildet das erste Element des Stūpa. Wenn man einen Stūpa baut, beginnt man mit einem Würfel als Basis.

Darauf plaziert man eine Kugel – oder häufiger Halbkugel – die das Wasser symbolisiert. Die Kugel ist der instabilste Körper: eine Berührung, und sie rollt. Daher ist sie ein passendes Symbol für das Wasser, da Wasser im Gegensatz zur Erde ständig in Bewegung ist. Es fließt und ist unbeständig. Auf die Kugel oder Halbkugel wird ein Kegel aufgesetzt. Er repräsentiert Feuer – denn der Kegel ähnelt der Flammengestalt – und zeigt nach oben, wie auch die auflodernde Flamme nach oben zeigt.

Auf die Spitze des Kegels kommt eine Art von Schüssel oder Teller (was von der Seite her gesehen wie ein Halbmond erscheint). Dies symbolisiert die Luft, denn es ist die umgedrehte Himmels- oder Firmamentskuppel. Im Halbmond oder in der Kuppel weist eine Flamme auf einen Punkt. Dieser Punkt, ein Ort ohne Ausdehnung, vertritt das sogenannte sechste Element, das Bewußtsein, denn ein Punkt weist keine Dimensionalität auf, genau wie das Bewußtsein selbst, das im Gegensatz zu den anderen Elementen keine Dimension besitzt. Bewußtsein ist dasjenige, das alles „enthält", ohne selbst in etwas anderem enthalten zu sein. Es wird durch den Punkt symbolisiert, der den Übergang von der physischen oder materiellen Ebene in eine andere Dimension, die des Geistes oder Bewußtseins versinnbildlicht.

Weshalb aber wird diese besondere Architekturform, der Stūpa, aus Symbolen aufgebaut, die die fünf Elemente repräsentieren? Weshalb sollte ein Chörten, ein Grabmal, diese Symbole enthalten? Der Grund liegt darin, daß es sich tatsächlich um ein Grabmal handelt, das über der Asche eines Toten errichtet wurde oder um an ihn zu erinnern. Der Stūpa ist aus den Symbolen der Elemente aufgebaut, da zum Zeitpunkt des Todes der körperliche Leib, ja die gesamte psychische und physische Person, aufgelöst wird in seine elementaren Bestandteile, aus denen er entstanden war.

Beim Tode kehren die festen Bestandteile des Körpers zur Erde zurück. Die flüssigen Anteile – Blut und ähnliches – kehren zum Wasser zurück. Die Lebenswärme des Körpers geht zum Feuer, geht auf in der Hitze und Wärme des gesamten Universums. Die Luft, die einst die Lungen füllte, ist in die Atmosphäre hinausgehaucht worden. Wenn der physische Leib nicht mehr existiert, mischt sich der Raum, den er eingenommen hatte, in den großen Raum des Alls. Zuletzt wird auch unser Bewußtsein, wenn die Bande des Ichs gelöst sind – eine Art spiritueller Tod –, zu einem ununterscheidbaren Anteil am absoluten Bewußtsein. Dieser Aufbau der Elemente im Symbol des Stūpa bildet die Grundlage für die Meditation der sechs Elemente, eine traditionelle buddhistische Praxis, die der Vertiefung des Verständnisses über den Aufbau des eigenen Körpers und seiner Auflösung nach dem Tod dient.

Ein weiteres architektonisches Symbol stellt der dreistöckige Tempel dar. Viele tibetische Tempel sind dreistöckig erbaut, denn drei Stockwerke symbolisieren die drei Ebenen der Existenz, eine der vielen Unterteilungsmöglichkeiten von Existenz, vielleicht sogar eine der ältesten. Die drei Ebenen sind die weltliche Ebene, die archetypische Ebene und die Ebene des Absoluten. Man findet auf jedem Stockwerk einen Schrein mit einem Buddhabildnis, und diese Bilder repräsentieren die drei *kāyas* des Buddha. *kāya* bedeutet eigentlich „Körper", ist aber in diesem Zusammenhang besser im Sinne von Persönlichkeit zu verstehen. Die drei *kāyas* sind der *nirmāṇakāya*, der erschaffene Körper, der *saṃbhogakāya*, der Körper der gegenseitigen Freude oder der köstliche Körper, und der *dharmakāya*, der Körper der Realität. Diese drei Aspekte repräsentieren die Buddha-Natur selbst, wie sie auf den verschiedenen Existenzebenen wahrgenommen wird. Wenn man die Buddha-Natur oder das Buddha-Sein auf der Ebene der weltlichen historischen Realität wahrnimmt, sieht man den historischen Buddha. Weiter oben, auf der Ebene der Archetypen, wo dieselbe Realität genauer und wahrer sichtbar wird, gewahrt man den Saṃbhogakāya-Buddha, eben eine Art archetypischer Figur. Noch weiter oben erscheint dann die innerste Essenz dieser Buddha-Körper, der Dharmakāya oder die Realität selbst, ohne jede äußere Form.

Wir finden also auf drei verschiedenen Ebenen Bildnisse des Buddha, die die drei Kāyas vertreten. Beispielsweise treffen wir im Erdgeschoß des Tempels auf ein Bild des Śākyamuni, des menschlichen historischen Buddha. Es ist Gautama-Buddha, der indische Prinz, der um 500 v. Chr. lebte und unter dem Bodhi-Baum Erleuchtung erfuhr, als er fünfunddreißig Jahre alt war. Er trägt seine Mönchsrobe, hält die Almosenschale usw. Die Wände des Erdgeschosses des Tempels zeigen Wandmalereien mit Begebenheiten aus seinem Leben. Sie zeigen ihn, wie er unter dem Bodhi-Baum sitzt, dem „Teufel" Māra widersteht, seine erste Predigt hält oder unter der Zwillingsweide hinscheidet. Oft sieht man auch Geschichten aus den Jātakas, den Legenden seiner früheren Leben auf der historischen bzw. materiellen Ebene. All dies repräsentiert den Nirmāṇakāya. In einem Nyingmapa-Tempel träfen wir vielleicht, wie wir im 2. Kapitel ausgeführt haben, auf dieser Ebene auf ein Bild von Padmasambhava, dem „zweiten Buddha".

Wenn wir das mittlere Stockwerk erreichen, stellt sich alles anders dar. Wir befinden uns in einer anderen Welt, auf einer höheren Ebene, und wir treffen einen archetypischen Buddha thronend an. Er trägt nicht die gewöhnliche Mönchsrobe, sondern königliche Gewänder aus fließender, blumiger Seide, mit Juwelen aller Art. Es handelt sich um eine ganz andere Gestalt, glänzend, archetypisch und verklärt. An den Wänden findet sich nichts Historisches oder der menschlichen Sphäre Angehörendes. Wir finden beispielsweise Maṇḍalas, Kreise, die die prinzipielle archetypische Buddhaform enthalten. Auf diesem Stockwerk befinden wir uns auf der Ebene der Archetypen, oberhalb und außerhalb der menschlichen, historischen Welt.

Im höchsten Stockwerk finden wir dann den sogenannten Ādibuddha, den Urbuddha, den Anfangsbuddha, den absoluten Buddha. Er trägt weder Mönchsrobe noch Königsgewänder. Er wird ohne Bekleidung dargestellt, in blauer, schwarzer, weißer oder dunkelbrauner Farbe. Jedenfalls ist er völlig nackt, da hier alle Hüllen, alle Kleider entfernt worden sind. Diese Ebene zeigt die bloße Realität. Häufig befindet sich die Ādibuddha-

Figur in der Yab-Yum-Stellung, d. h., der männliche Buddha wird in sexueller Vereinigung mit seinem weiblichen Gegenstück dargestellt. Dies symbolisiert, daß sich im Erleuchteten Weisheit, dargestellt durch die Frau, und Mitleid, dargestellt durch den Mann, vereinigen. Solches findet sich nur auf der höchsten Ebene, da solche Yab-Yum-Figuren im tibetischen Buddhismus nicht der niederen weltlichen Ebene zugerechnet, sondern als Bestandteil der höchsten und spirituellsten aller Ebenen, der Ebene der absoluten Realität betrachtet werden. Im Idealfall sind nach bester Tradition die Wände komplett leer: keine Formen, keine Figuren, nicht einmal ein Blatt oder eine Blume. Abgesehen von der Ādibuddha-Statue ist der Raum völlig leer.

Somit symbolisiert die Tempelarchitektur selbst, einschließlich aller Bildnisse und Malereien, aller Dekorationen, konkret diese verschiedenen Existenzebenen, die man hinaufsteigen muß, von der historischen Realität am Boden, über die archetypische oder himmlische Realität bis hin zur letzten, der absoluten Realität.

Malerei und Ikonographie

Ein weiterer der wenigen einheimischen Beiträge zur tibetischen Kunst ist dem bemerkenswerten Farbgefühl der Tibeter zu verdanken, wie man besonders an den Malereien auf Thangkas sehen kann. Die tibetische Luft ist besonders klar, da in 4000 Metern Höhe über dem Meeresspiegel die Luft viel dünner und frei von Verunreinigungen ist. Wenn man über die Pässe von Indien nach Tibet hinaufkommt, findet man sich in einer völlig klaren, kristallähnlichen Atmosphäre wieder. Wer hoch genug ist, sieht sehr viele, vielleicht einige hundert Kilometer weit. Wo alles so transparent, hell und funkelnd ist, ist der Himmel oft tiefblau. Wir im Westen sehen selten solches schönes Himmelsblau, weil wir den Himmel eher wie durch Nebel sehen. Aber auf den Hochebenen Tibets, oberhalb von Smog, Schmutz und Staub, sieht man, wie leuchtend blau der Himmel wirklich sein kann. Deshalb sehen die Tibeter Farben direkter: Ihr blauer Himmel ist wirklich tiefblau, rote Felsen sind richtig rot.

Lama Govinda erzählte mir einmal, wie er erstaunt die Augen öffnete und an einem leuchtend klaren tibetischen Morgen Felsen und Berge ringsum in derart intensiver und brillanter roter Färbung sah, daß er seinen Augen nicht glauben mochte. Er dachte, er erläge in diesem Moment einer Art von Halluzination. Aber in Tibet gibt es so etwas wirklich. Wenn man in das Wasser eines Sees schaut, erscheint es tief und leuchtend türkis gefärbt. Wenn man über Hunderte von Kilometern Landschaft blickt, mischen sich tiefe Brauntöne mit schönstem Purpur. Überall ringsum glühen die prächtigsten Farben.

Daher haben die Tibeter ein so ausgeprägtes Farbempfinden, was sich in ihrer Kunst, besonders in den Thangka-Malereien, ausdrückt. Die besten Thangkas, die ganz im rein orthodoxen Stil gehalten sind, enthalten nur organische und mineralische Farbpigmente. Tibetische Künstler benutzen traditionell keine vorgefertigten Farben. Sie nehmen Erde, pflanzliche Produkte und Halbedelsteine, zerreiben diese Materalien und mischen sie, um aus ihnen Malfarbe zu gewinnen. Einige, so fürchte ich, die mit der westlichen Zivilisation in Kontakt gekommen sind, fangen an, vorgefertigte Farben zu benutzen, aber die älteren Künstler, die traditionell arbeiten, verwenden immer noch Naturfarben. Damit erreichen sie brillante und wirklich juwelenartige Wirkungen. Die besten Thangkas sind allein schon wegen der verblüffenden Brillanz ihrer Farbgebung bemerkenswert. Gleichzeitig ist nichts Lautes oder Grelles an ihnen, nichts Schreiendes. Die Farben sind von brillanter Leuchtkraft, aber gleichzeitig sind sie weich und sanft und wirken natürlich und realistisch.

Der Umstand, daß Thangkas so leuchtende Farben haben, hängt mit dem ihnen zugedachten Verwendungszweck zusammen. Sie sind nicht bloß wunderschöne Dekorationsstücke für den Schrein, sie sind Hilfen zum Visualisieren. Sie wurden in Übereinstimmung mit einer Tradition gemalt, die letztendlich auf eine bestimmte Meditation zurückgeht: Vor langer Zeit hatte ein großer Mystiker oder Yogi in meditativer Versenkung eine Art von göttlicher Vision erlebt und sie dann seinen Schülern beschrieben. Vielleicht hat er über sein Erlebnis schriftliche Aufzeichnungen hinterlassen oder sogar, falls er selbst ein Künstler war, es malerisch oder zeichnerisch festzuhalten versucht. Wenn nun jemand anderer über diese Form oder Figur, über diesen Aspekt von Realität zu meditieren beabsichtigt, tut er dies mit Hilfe einer Zeichnung oder Malerei, die auf die Tradition zurückgeht, die sich aus der ursprünglichen Erfahrung entwickelt hat. (Der Vorgang der Visualisierung in der Meditation wird in den Kapiteln 6 und 7 beschrieben.)

Die lebhaften Farben, in denen die Thangkas gemalt sind, bilden einen wichtigen Aspekt der Symbolik in der tibetischen Kunst. Die Farbe einer visualisierten Form stellt häufig einen wichtigen Schlüssel zum Verständnis der Bedeutung dar. Wenn man weiß, welche Farbe ein Buddha oder Bodhisattva hat, so hat man schon eine Vorstellung von seiner generellen spirituellen Bedeutung. In der tibetischen Ikonographie herrschen fünf hauptsächliche Farben vor. Erstens Rot, ein sehr tiefes, brillantes, lebhaftes Rot. In der tibetischen buddhistischen Tradition, besonders in der tantrischen Tradition, ist Rot die Farbe der Liebe und des Mitgefühls. Wenn man eine rote Gottheit sieht, einen roten Buddha oder Bodhisattva oder eine rote Ḍākinī, kann man sicher sein, daß diese Figur die Buddha-Natur unter dem Aspekt von Liebe und Mitgefühl versinnbildlicht. In der tibetischen Tradition ist Grün die Farbe von Frieden, Ruhe und Gelassenheit sowie der Erlösung von Furcht und Gefahr aller Art. Wenn man ziemlich ängstlich ist, sich viele Sorgen macht, sollte man sich mit Grün umgeben, denn es hat eine beruhigende Wirkung. Gelb – brillantes, kräftiges Gelb – ist die Farbe des Wachstums, des Glücks und der Reichtümer, auch der weltlichen Reichtümer, und die Farbe von Schönheit und Reife. Gelb ist natürlich die Farbe des Sonnenlichtes, des Lichtes, das alle Lebewesen zur Reife bringt. All dies symbolisiert die Farbe Gelb in der tibetischen Ikonographie. Es gibt zwei Blautöne, Hellblau und Dunkelblau. Beide bedeuten Wissen, nämlich das Wissen um Wahrheit, um das ungeteilte Absolute, um Śūnyatā. Dies wird durch Blau wiedergegeben, die Farbe des klaren Himmels.

Zu diesen Farben kommen noch Schwarz und Weiß hinzu. Wie in vielen anderen Kulturen, steht Weiß für Reinheit. Es repräsentiert auch uranfängliches Sein, absolute, zeitüberschreitende Realität. Schwarz oder sehr dunkles Blau symbolisieren Tod und Auflösung, aber in einem sehr positiven Sinne. Eine schwarze oder dunkelblaue Figur, gewöhnlich mit grimmigem Gesichtsausdruck, repräsentiert Erleuchtung unter dem Aspekt der Auflösung spiritueller Unwissenheit.

Dennoch können wir in der tibetischen buddhistischen Kunst die generelle Wesensart einer Gottheit, ob Buddha oder Bodhisattva, schon von der Farbe her einordnen. Wenn die Gottheit grün ist, wissen wir, sie hat mit Frieden zu tun. Wenn sie mit Liebe zusammenhängt, ist ihre Farbe Rot; Weiß – oder Blaßblau – bedeutet Reinigung usw. Die Grüne Tārā, eine weibliche Bodhisattvaform, die in Tibet sehr beliebt ist, ist die Form der Tārā, die mit Befriedung und Erlösung aus Gefahr zu tun hat. In ähnlicher Weise vertritt die rote Kurukullā, eine ziemlich ungewöhnliche weibliche Buddhafigur, die ursprünglich eine selbständige, vorbuddhistische Gottheit ist, wegen ihrer leuchtend roten Farbe den Aspekt Liebe, ja auch den der Leidenschaft des erleuchteten Geistes.

Schwarze oder dunkelblaue und braune Figuren werden von westlichen Beschreibern als Dämonen oder Teufel angesehen. Waddell, ein früher Autor auf dem Gebiete der tibetischen Kunst, der zwar sehr gut informiert war, dem aber ein tieferes Verständnis fehlte, benutzte häufig diese Ausdrücke, wenn er von „Feindinnen Buddhas" oder „Dämoninnen Buddhas" sprach. Dies erweckt jedoch einen falschen Eindruck. Diese Figuren sind weder Dämonen noch Feinde, noch irgend etwas ähnliches. Sie gehören vielmehr dem allerhöchsten Bereich, der Buddha-Ebene an, aber gesehen unter dem Aspekt der Zerstörung der spirituellen Unwissenheit. Manchmal sehen sie tatsächlich sehr furchteinflößend aus. Oft besitzen sie massige, dunkle, kräftige Körper, tragen Girlanden aus Totenköpfen, Elefantenhaut und Tigerfelle, haben lange Zähne oder Hauer und drei oder mehr Augen. Sie sind sehr grimmig, trampeln auf Feinden herum und tragen flammende Aureolen. Obwohl sie furchteinflößend aussehen, handelt es sich bei ihnen nicht um Dämonen, und sie haben auch mit der Hölle im westlichen Sinne nichts zu tun. Sie symbolisieren die Aspekte der Erleuchtung, durch die Unwissenheit in allen ihren Ausprägungen ausgebrannt, überwältigt und zerstört wird.

Der springende Punkt dabei ist, daß die Unwissenheit so stark und machtvoll ist, daß die friedvoll dargestellten Figuren mit ihr nicht fertig werden können. Sie müssen deshalb erst diese schrecklichen, grimmigen Formen annehmen, um einigen Eindruck zu machen, zumindest auf die Kräfte der Unwissenheit, die ansonsten keine Notiz von ihnen nehmen würden. Es gibt viele Legenden zu diesem Effekt, die beschreiben, wie ein Buddha oder Bodhisattva seine Augen in der Meditation schloß und aus seiner Stirn ein großer Lichtstrahl hervorging, an dessen Ende dann ein schreckliches Monster, eine grimmige Figur erschien, die eine Keule schwang und dröhnte: „Ich will dein Blut." Offensichtlich ist dies manchmal der einzige Weg, auf dem der erleuchtete Geist in dieser fehlgeleiteten Welt wirken kann. Wer dieser Welt gegenübersteht und sie überblickt, kann für diese Art des Zugangs gewiß Sympathie aufbringen. Vielleicht sind es nicht die friedvollen, sanftmütigen und milden Buddhas und Bodhisattvas, die wirklich etwas zustande bringen, sondern die eher grimmigen und schrecklichen.

Jedenfalls muß man sich stets vor Augen halten, daß es sich nicht um gewöhnlichen Zorn handelt, sondern darum, was in der tantrischen Tradition „Großer Zorn" oder „Großer Grimm" genannt wird. Groß, *mahā*, bedeutet hier „gereinigt durch *śūnyatā*", weil es durch die Feuer des Absoluten hindurchging. Es ist nicht ein Zorn, der auf Unwissenheit oder Ichsucht beruht; im Gegenteil, er basiert auf reinem Mitleid, reiner Liebe. Wenn Unwissenheit und Haß dieser Liebe begegnen, können sie sie nur in Form von Grimm oder Zorn erfahren. Darauf beruht diese Art von Symbolik im tibetischen Buddhismus, besonders im Tantrismus.

Selbstverständlich gibt es auch viele friedvolle symbolische Formen in der tibetischen Ikonographie. Eine der bekanntesten und populärsten ist der elfköpfige und tausendarmige Avalokiteśvara (Chenresi bzw. Chenresig im Tibetischen), der Bodhisattva des Mitleids. Diese besondere Form steht für das absolute Mitleid, das gleichzeitig in alle Richtungen und auf alle möglichen Weisen wirkt. Die tausend Arme vertreten die zahllosen Hilfsmittel, die dem Mitleid zur Verfügung stehen, um Lebewesen zu helfen und sie zu schützen. Bezeichnenderweise befindet sich in jeder Handfläche ein Auge, das darauf hinweist, daß selbst in den entlegensten Handlungen des (personifizierten) Mitleids Bewußtsein oder Weisheit liegen. Es gibt einen Spruch, daß es aller Weisheit der Weisen bedürfe, um den Schaden ungeschehen zu machen, der von dem bloß Guten angerichtet wird. Die Aktivitäten des Mitleids sind keine Wohltaten, die von Bewußtsein oder Weisheit getrennt sind. Avalokiteśvaras elf Köpfe repräsentieren die elf Richtungen: Nord, Süd, Ost, West, die Zwischenrichtungen, den Zenit, den Nadir (das ist der Gegenpol des Zenits) und die Mitte.

Eine der schönsten friedlichen Figuren des tibetischen Buddhismus ist die Grüne Tārā. Wie wir bereits erfahren haben, bedeutet ihre Farbe Frieden und Erlösung. Mit der linken Hand hält sie einen Lotus mit drei blauen Blüten – eine bereits offen, eine halb geöffnet, eine noch als Knospe. Diese Blüten symbolisieren die Buddhas der drei Zeitstufen. Der Buddha der Vergangenheit ist voll geöffnet – er ist gegangen, hat die Vollendung erlangt. Der Buddha der Gegenwart ist halb geöffnet, da seine Lehre noch im Gange ist. Die Knospe bedeutet den zukünftigen Buddha, der erst noch kommen soll. Die Grüne Tārā trägt eine Tiara aus fünf Totenschädeln oder gelegentlich fünf Juwelen, die die fünf Weisheiten darstellen sollen. Sie hat zwei Beine – was nicht der Erwähnung wert wäre, hätten tibetische buddhistische Figuren nicht manchmal zehn, sechzehn oder noch mehr Beine. Einer ihrer Füße befindet sich in der Lotusstellung, was bedeutet, daß sie sich in ständiger Meditation befindet. Der andere hängt jedoch herab, was andeutet, daß sie stets bereit ist, hinaus in die Welt zu schreiten.

Wir haben nur wenige Symbole der tibetischen buddhistischen Kunst gestreift, vielleicht jedoch können wir uns die Wirkung vorstellen, die sie auf den Geist der Leute haben, die stets mit ihnen in Berührung sind. Wir im Westen leiden an einem Mangel an Symbolen. Oft ist es der Weihnachtsbaum, der für uns das darstellt, was einem Symbol am nächsten kommt. Tibetische Buddhisten jedoch sind – oder waren – umgeben von Symbolen. Wo auch immer man hinblickte, war ein Stūpa, ein dreistöckiger Tempel oder ein Thangka, oder jemand drehte ein Gebetsrad oder benutzte Gebetsperlen. Sogar die sozialen Bräuche und die Etikette in Tibet – die Art zu essen und zu trinken, Freunde und Besucher zu empfangen – haben symbolische Wertigkeiten, die den Tibetern helfen, mit dem in Kontakt zu bleiben, was hinter den Symbolen liegt, worauf diese Symbole hinweisen – höhere Ebenen des Seins, des Bewußtseins und der Realität.

Nicht alle Tibeter verstehen die Bedeutung dieser Symbole, aber zumindest haben sie ein Gespür von etwas Größerem, Vornehmerem, Spirituellerem, das sich über und unter ihnen befindet und sie gleichzeitig beeinflußt. Die tibetische buddhistische Kunst und ihre Symbolik sind daher wichtige und vitale Aspekte des tibetischen Buddhismus. Unser Leben im Westen wäre reicher und gewiß interessanter, wenn wir mehr Symbole mit spirituellem Gehalt hätten. Könnten wir dem Beispiel der Tibeter folgen und dies zustande bringen, wären wir vielleicht nicht so sehr von der Realität entfremdet.

6
Die vier Wurzelyogas

Im tibetischen Buddhismus nimmt, wie in allen buddhistischen Traditionen, die Meditation den zentralen Platz im spirituellen Leben ein. Meditation war von Anfang an stets ein Teil des Buddhismus. Sie geht zurück bis auf Buddhas eigene Lehrreden. So sind beispielsweise die drei letzten Stationen des Hohen Achtfachen Pfades – rechtes Streben, rechte Konzentration und rechtes Sichversenken *(samādhi)* – alle in der einen oder anderen Weise mit Meditation verknüpft. Die Meditation bildet auch die fünfte der sechs Vollkommenheiten *(pāramitās)*, womit im Mahāyāna die Qualitäten eines Bodhisattva gemeint sind. Nicht in allen Schulen des Buddhismus steht die Meditation im Mittelpunkt – es sind die Ch'an- und Zen-Schulen, die sich darauf spezialisiert haben, während andere Schulen sich vielleicht mehr auf die Ethik oder Metaphysik konzentrieren –, aber für alle Schulen gehört die Meditation zu den grundlegenden Praktiken.

Die Einzelheiten des Meditationserlebnisses unterscheiden sich von Person zu Person erheblich. Dies hängt ebenso vom Temperament des einzelnen ab wie auch von der Art der ausgeübten Meditation. Deshalb ist es schwer, hier zu generalisieren. Grob gesehen, gibt es fünf aufeinander aufbauende Stufen der Meditation, unabhängig von der buddhistischen Tradition, der wir folgen, oder des besonderen Weges der Meditation, den wir betrachten. Diese Stufen sind nicht scharf voneinander abgegrenzt, sie fließen vielmehr wie die Farben des Regenbogens unmerklich ineinander.

Die erste Stufe kann man als den Rückzug des Geistes von den Sinnen bezeichnen. An einem ruhigen, abgeschiedenen Ort, still sitzend und mit geschlossenen Augen, ziehen wir unser Bewußtsein von den Reizen der physischen Sinne zurück, bis der Geist gleichsam mit sich selbst ins Gleichgewicht kommt. Das ist allerdings erst der Anfang der Meditation.

Die zweite Stufe nennt man traditionell die Unterdrückung der fünf Hemmungen, der fünf negativen emotionalen Zustände, die die Meditation untergraben und die aufgehoben werden müssen, wenn wir weitere Fortschritte erzielen wollen. Die erste Hemmung ist „sinnliches Begehren". Man schließt vielleicht für eine Weile die Außenwelt aus – man schaut nichts an und hört auf nichts –, aber während man so sitzt und hoch konzentriert ist, erscheint möglicherweise eine Art von Zittern im Geiste, das auf einer Erinnerung an ein früheres Erlebnis basiert. Dies wird den Geist fast unmerklich zurück zu dem Objekt hinlenken, auf das die Sinne gerichtet waren. Damit einher wird Begierde entstehen, und zwar nach der Erfahrung dieses Sinnenobjektes. Diese Hemmung ist tief verwurzelt bis hinein in die tiefsten Tiefen des Unbewußten. Die zweite Hemmung ist Haß oder Übelwollen oder irgendein anderer Ausdruck von Feindseligkeit – Gereiztheit, Unwille usw. Dann kommen „Faulheit und Abgestumpftheit", physische Faulheit und psychische Trägheit, eine Art von Stagnation. Viertens gibt es Ruhelosigkeit und Ängstlichkeit oder „Aufgeregtheit und Gewissensunruhe": ein quälendes Gefühl von Unsicherheit, das einen nicht zur Ruhe kommen läßt. Die letzte Hemmung ist „Zweifel". Dabei handelt es sich nicht um einen Zweifel in dem Sinne, daß man sich nicht unbedingt sicher sei. Als Hemmung ist der Zweifel der Widerwille, sich festzulegen, ohne absolut sicher zu sein. Somit besteht diese Meditationsstufe darin, sich selbst zeitweilig – unter den speziellen Bedingungen meditativer Übungen – von diesen fünf Hemmungen freizumachen.

Die dritte Stufe besteht in der Aufhebung abschweifender Gedanken. Oft wird geglaubt, Meditation bestünde darin, das Denken auszuschalten, und in gewisser Weise stimmt das auch, aber unter dem Vorbehalt, daß man nicht das Denken einfach eliminiert oder versucht, keine Gedanken zu haben.

Man vergißt vielmehr das Denken überhaupt, indem man sich ein bestimmtes Objekt zur Konzentration auswählt und alle Aufmerksamkeit darauf fokussiert. Wenn man beispielsweise das bewußte Atmen einübt, konzentriert man sich auf den Atem, ignoriert abweichende Gedanken und richtet seine ganze Aufmerksamkeit auf das Atmen. Dann stellt man fest – oder besser „stellt" nicht fest – weil man es nicht gewahr wird – daß Gedanken nicht mehr vorhanden sind.

Anfänglich klammert man sich an sein Konzentrationsobjekt, den Atem, als ob es um das Leben ginge, und ist sich vage bewußt, daß es einen Schwarm von Gedanken gibt, der einen ringsherum umschwirrt. Aber nach und nach kann man seinen Griff lockern. Indem man mehr und mehr in der Atmung aufgeht, fühlt man eher als daß man es wahrnimmt, wie die wandernden Gedanken sich legen. Sie werden blaß und unbestimmt und verschwinden schließlich alle miteinander. Man denkt jedoch nicht darüber nach, daß man nun nicht mehr denkt. Sobald es einem gewahr wird und man denkt: „Schau an! Ich denke über nichts mehr nach", schwindet die Konzentration und man muß von neuem beginnen. Wenn wir aber abschweifende Gedanken ausschalten, so ist das Ergebnis nicht etwa schiere Bewußtlosigkeit. Wir begeben uns nicht in ein psychisches Vakuum, sondern in einen positiven Zustand von Bewußtsein, in dem die wahre Natur des Geistes in ihrer Fülle und Reinheit beginnen kann, sich zu enthüllen.

Dies führt uns zur vierten Stufe der Meditation: der Entwicklung höherer Bewußtseinszustände, neuer Ebenen des Bewußtseins. Diese Erfahrung tritt auf natürlichem Wege ein, fast aus eigenem Antrieb, wenn man mehr und mehr vom Objekt der Konzentration gefangengenommen wird. Man empfindet zum Schluß, als wäre man eins mit ihm. Man konzentriert sich nicht mehr auf etwas Bestimmtes, man konzentriert sich nur mehr. Dabei stellt sich eine Erfahrung zunehmender Reinheit, zunehmenden Friedens und zunehmenden Glücklichseins ein. Vielleicht hat man das Gefühl, aus sich selbst herausgetragen, hinweggeschwemmt zu werden. Manchmal, wenn dies geschieht, ist es ein wenig furchteinflößend. Es fühlt sich an, als würde man mitten in einem reißenden Strom geboren werden, von dem man nicht weiß, wohin man getragen wird. Wenn man aber die Furcht nicht auf sich nimmt, verliert sich dieses Erlebnis. Wir brauchen Zuversicht in die Natur des Erlebnisses, um uns ihm hinzugeben und uns driften zu lassen, wohin auch immer es will.

Das fünfte und letzte Stadium besteht im Entstehen von Einblick, von unmittelbarer Kenntnis der letzten Realität. Dies bedeutet eine Übergießung unseres ganzen Seins mit Realität in dem Sinne, daß es umgeformt und neugeformt wird. An diesem Punkt tritt ein qualitativer Wechsel in unserer Meditationserfahrung ein: Wir beginnen den Dingen auf den Grund zu sehen, erleben die Dinge, wie sie wirklich sind, weitaus klarer, als wir dies zuvor in unserem Leben je taten. Von Charles Kean, einem Schauspieler des frühen neunzehnten Jahrhunderts, heißt es, ihn spielen zu sehen, sei wie Shakespeare beim Licht von Blitzen zu lesen. Etwas Ähnliches können wir an uns selbst erleben: Am Anfang nehmen wir wie durch kurze Blitze für einen kurzen Augenblick die gesamte intellektuelle oder spirituelle Landschaft wahr. Schließlich verdichtet sich das Erlebte, die Blitze dauern länger an, und wir fangen an, die spirituellen Durchblicke, die uns enthüllt werden, in immer größerer Zahl in uns aufzunehmen. Es ist, als würde ein andauernder Lichtstrahl langsam heraufdämmern, den wir niemals wieder völlig verlieren können. Auf diesem Wege erreicht man im Laufe von Jahren und Jahrzehnten der Übung die Erleuchtung.

Diese Stadien der Erleuchtung sind allen Arten meditativer Praktiken gemein, es gibt aber vielerlei Spielarten, und so hat die tibetische Tradition selbstverständlich ihren eigenen, besonderen Zugang. Die tibetische buddhistische Meditation ist vor allem tantrisch ausgerichtet. Wir haben in den Kapiteln 1 und 2 erfahren, daß der tibetische Buddhismus seinem Charakter nach triyānisch ist und daß er seine Meditation vom Vajrayāna herleitet, das sich durch esoterische Meditation und symbolische Rituale auszeichnet. Es gibt viele Methoden tantrischer Praktiken, und der Tantrismus selbst ist außerordentlich vielfältig und voller überraschender Möglichkeiten. Jedoch sind wir in der Lage zu unterscheiden zwischen den Wurzelyogas, die die einleitenden Praktiken darstellen, und der eigentlich tantrischen Meditation.

Die vier Wurzelyogas

Die vier Wurzelyogas oder *mūla yogas* bilden die Basis für die tibetischen spirituellen Praktiken. Daher ist einige Vertrautheit mit ihnen unerläßlich für das Verständnis des spirituellen Lebens in Tibet. Wieviel auch immer wir über den Dalai Lama oder über mahāyānische Philosophien wissen, wenn wir kein Gefühl für diese Praktiken erreichen, so haben wir überhaupt kein Wissen erlangt, was den tibetischen Buddhismus angeht, jedenfalls aus spiritueller Warte. Die *mūla yogas* untermauern gleichsam das gesamte ausgedehnte Gebäude, den gesamten Überbau des tibetischen religiösen Lebens.

Mūla, ein Wort aus dem Sanskrit, bedeutet Wurzel oder Fundament. So wie ein Baum, dessen Wurzeln nicht tief genug in den Boden hinabreichen, vom Wind umgeworfen wird, so wird, wenn die *mūla yogas* schwach sind, das aus diesen Wurzeln aufwachsende spirituelle Leben ebenso schwach und hinfällig sein. Daher sind die vier Wurzelyogas die Einleitung zum gesamten System der vajrayānischen Meditation und religiösen Achtsamkeit. Der tibetische Buddhismus betont, daß es keinen Fortschritt auf dem tantrischen Weg gibt, wenn die vier Wurzelyogas vernachlässigt werden. Man muß sie praktizieren, bevor man daran denken darf, sich auf das Vajrayāna einzulassen.

Die Leute im Westen suchen immer nach Abkürzungen, und sobald Vajrayāna (oder auch Zen) genannt werden, spitzen sie die Ohren und denken: „Hier haben wir einen schnellen und leichten Weg, der alle Meditation, Askese und Studien umgeht." In Wahrheit ist der Tantrismus lediglich eine Abkürzung für diejenigen, die ihn lange genug betreiben, und ein leichter Weg nur, wenn man hart genug übt. Tibeter verbringen oft viele Jahre mit der Arbeit an den Wurzelyogas, besonders wenn sie sich in die „lange Zurückgezogenheit" begeben, die traditionell drei Jahre, drei Monate, drei Wochen, drei Tage und drei Minuten andauert. Die meisten von uns würden vermutlich nicht viel dabei erreichen, nur in einem halbdunklen Raum zu sitzen und unbestimmt vor uns hin zu meditieren. Nach einer Stunde oder so würden wir unruhig auf und ab gehen und uns fragen, was wir nun tun sollen. Wenn sich die Tibeter allerdings in diese Art von Zurückgezogenheit begeben, machen sie tatsächlich Fortschritte mit ihren Übungen, insbesondere mit den vier Wurzelyogas. Ich traf tibetische Mönche, die erklärten, es sei bemerkenswert, wie schnell die Zeit dabei vergeht. Die Tage, Wochen, und Monate verfliegen nur so, weil sie von diesen Praktiken voll in Anspruch genommen werden. Je mehr Zeit sie damit verbrachten, desto tiefer drangen sie in ihre Übungen ein, desto interessanter und faszinierender fanden sie sie. Kurz gesagt, tibetische Buddhisten sind darauf eingerichtet, hart zu üben, und das mit großer Ausdauer.

Unglücklicherweise sind wir im Westen eher weniger geduldig. Wir wollen die Erleuchtung nicht am Ende von zwanzigjährigen Übungen, sondern gleich hier und jetzt. Und in gewisser Weise haben wir damit recht. Aber wir erreichen Erleuchtung hier und jetzt lediglich, wenn wir hundertprozentige Anstrengungen machen – wovon uns die spezifische Natur unseres Geistes abhält. Wir sind geneigt, schnelle Ergebnisse in unserem spirituellen Wachstum zu erwarten, und lassen dabei die nötigen Voraussetzungen außer acht. Wenn diese jedoch gemeistert werden, ist die Schlacht schon halb gewonnen. Man könnte soweit gehen und sagen, wenn man sich richtig auf die Meditation vorbereitet, ist dies bereits Teil der Meditation. Zweck oder Ziel des spirituellen Lebens lassen sich nicht scharf abtrennen vom Wollen. So hat Mahātmā Gandhi einmal gesagt, der Zweck sei der äußerste Punkt der Mittel. Wenn man sich mit ganzem Herzen dem Wollen widmet, erreicht man, fast ohne es zu bemerken, das Ziel. Wer in Hinsicht auf das spirituelle Leben frisch drauflos arbeitet, wird sich zu gegebener Zeit tief im Herzen des Wesentlichen befinden. Wer hingegen die Grundlagen vernachlässigt und vorauspreschen möchte, wird nirgendwo hingelangen.

Das Wort *yoga* bedeutet: etwas, das vereint. Es ist etymologisch verwandt mit dem englischen Wort „yoke" und dem deutschen Wort Joch. Im Westen versteht man gewöhnlich unter Yoga ein System von Übungen. Im Hinduismus bedeutet es jegliche Praktik, die einen mit der Wahrheit vereint oder der Realität oder dem Göttlichen oder, wie im *advaita vedānta* (einer eher philosophischen Richtung), das niederere Selbst mit dem höheren Selbst vereint durch die Erkenntnis der zugrundeliegenden Nicht-Zweiheit.

Im Kontext des tantrischen Buddhismus hat das Wort Yoga allerdings wiederum eine andere Bedeutung. Es bezieht sich insbesondere auf die Vereinigung – sowohl im erleuchteten Geist als auch auf allen Stufen des spirituellen Weges – von Weisheit und Mitleid, von höchstem Bewußtsein der Realität und universeller liebender Freundlichkeit. Es kann auch die Vereinigung der Erfahrung der Leerheit, *śūnyatā*, und „großen Glücks", *mahāsukha*, bedeuten. Die tantrische Tradition beschreibt diese Art der Vereinigung mit dem Ausdruck *yugānddha*, der meist mit „Zwei in Einheit" übersetzt wird, der „Zwei in Einheit" von Weisheit und Liebe oder von Leerheit und Glück. Wir könnten genausogut von der Zwei-in-Einheit von *saṃsāra* und *nirvāṇa* oder von Buddha und Bodhisattva reden. Dieser Status der Nicht-Zweiheit, diese Erfahrungen von Einheit in Verschiedenheit und Verschiedenheit in Einheit bilden die höchsten Ziele tantrischer Praktiken. Die *mūla yogas* sind so benannt, weil es sich bei ihnen um Praktiken handelt, die den Prozeß der Integration eines Teils unserer Natur in den anderen Teil derselben auslösen. Auf der höchsten Ebene führt dieser Prozeß zu einem Zustand perfekter Integration von Weisheit und Mitleid, von Leere und Glück, und dies bedeutet dann die Erleuchtung selbst.

Die vier Wurzelyogas bilden daher den Zugang zum Vajrayāna oder Tantrayāna. Wie bereits im 2. Kapitel gesagt, ist dies die letzte der drei Entwicklungsstufen des Buddhismus in

Indien. Die spirituellen Praktiken, Riten, Zeremonien, die Meditation und die Symbolik des tibetischen Buddhismus stammen größtenteils aus dem Vajrayāna. Obwohl der tibetische Buddhismus theoretisch alle drei *yānas* umfaßt, wählen die tibetischen Buddhisten in der Praxis häufig gleich das Vajrayāna und beginnen mit den vier Wurzelyogas. Dies bedeutet keineswegs, daß die spirituellen Praktiken von Hīnayāna und Mahāyāna vernachlässigt werden, da ja die wichtigsten dieser Praktiken in den Mūla Yogas ohnehin bereits enthalten sind.

Die Mūla Yogas werden in allen tibetischen buddhistischen Schulen in ungefähr gleichem Umfang praktiziert, obgleich manchmal die Abfolge der Übungen und verschiedene Details variieren. Die nachfolgende Zusammenfassung stimmt hauptsächlich mit der Tradition der Nyingmapa überein, da ich mit ihr die engste persönliche Verbindung hatte.

Die Praktiken der Zufluchtnahme und des sich Niederwerfens

Die Mūla Yogas beginnen da, wo auch der Weg des Buddhismus anfängt, bei der Zuflucht zu den Drei Juwelen: dem Buddha, dem Dharma und dem Sangha. Die Zufluchtnahme ist allen buddhistischen Schulen gemeinsam, aber die Zeremonie der Zufluchtnahme wird nicht immer besonders ernst genommen. Die Veranstalter von öffentlichen buddhistischen Zusammenkünften in Indien beispielsweise bestehen manchmal darauf, daß alle die Zufluchten und Vorschriften aufsagen, obwohl die Zuhörerschaft größtenteils aus Nicht-Buddhisten besteht und das Treffen selbst eher politischen als religiösen Charakter trägt. Derartiges Rezitieren hat keine wirkliche Bedeutung und stellt in Wahrheit den Mißbrauch einer Tradition dar. Im tantrischen Buddhismus Tibets wird im Gegensatz hierzu die Zufluchtnahme nicht nur sehr ernst genommen, sondern auch als wichtige spirituelle Übung eigener Art behandelt. Auf diese Art und Weise wird sie in den Mūla Yogas verwirklicht.

Die Praktiken der Zufluchtnahme und des sich Niederwerfens bestehen aus drei hauptsächlichen Elementen: Niederwerfung, Rezitation und Visualisierung. Diese drei Elemente korrespondieren mit Körper, Sprache und Geist, wodurch das gesamte Wesen, die ganze Person involviert ist. Darin besteht die Besonderheit aller tantrischen Praktiken. Es genügt nicht, etwas nur im Geiste zu tun; man muß es ebenso auch verbal und körperlich tun. Im Falle des Buddha selbst entsprechen diese drei Tatebenen den drei *kāyas*. Denn was bei uns Körper, Sprache und Geist sind, entsprechen bei einem erleuchteten Wesen *nirmāṇakāya*, *sambhogakāya* und *dharmakāya* (mehr hierzu im 7. Kapitel).

Das mentale Element des ersten *mūla yoga* ist die Visualisierung dessen, was man den Baum der Zuflucht nennt. Man beginnt diese Meditation sitzend und mit geschlossenen Augen. Mit dem geistigen Auge sieht man auf einen blauen, himmelsähnlichen Hintergrund. Davor sieht man eine enorme Lotusblüte aus dem Wasser – oder vielleicht auch aus dem Schlamm – wachsen, eine ganze Lotuspflanze, groß wie ein Baum, mit einem dicken Stamm und vier Ästen, die aus dem Stamm herauswachsen und in die vier Himmelsrichtungen weisen. Am Ende eines jeden Astes erblüht eine enorme Lotusblüte. Diese Lotusblüten dürfen jede Farbe haben, die einem gefällt, müssen aber enorm groß ausgebildet sein und miteinander eine Art von Maṇḍala bilden. Wenn man diese große Pflanze mit ihren fünf Blüten fest im Sinne hat und sie klar sehen kann, soll man seine Aufmerksamkeit auf den zentralen Lotus richten. Man sieht Lagen über Lagen von Blütenblättern, die aufgehen, und genau in der Mitte, im Kelch des zentralen Lotus, visualisiert man den Gründer derjenigen tantrischen Tradition, nach der man seine Übungen durchführt. Für die Nyingmapa ist das Padmasambhava, für die Gelugpa Tsongkhapa, usw. Man stellt sich die Figur so klar wie möglich vor Augen, wie sie fest in der Mitte des Zental-Lotus sitzt, und stellt sie sich als Verkörperung aller Buddhas, als Verkörperung des eigenen höchsten Ideals in allen seinen denkbaren Manifestationen, vor. Alle spirituellen Vollkommenheiten, alle Qualitäten der Erleuchtung konzentrieren sich in dieser einen Figur.

Auf der nächsten Stufe geht man ein wenig weiter. Man bemerkt, daß der Lotus viele Reihen von Blütenblättern hat. Unterhalb der Zentral-Figur visualisiert man – auf den Reihen der Blütenblätter sitzend – andere Lamas oder Gurus der Lehrabfolge, unter ihnen den eigenen Lehrer und weitere Meister, von denen man Instruktionen erhalten hat. Noch weiter unten (immer noch am Zentral-Lotus) kann man verschiedene tantrische Gottheiten visualisieren – Buddhas und Bodhisattvas, friedliche wie grimmige – und unter diesen die Ḍākinīs und Dharmapālas. Diese Figuren repräsentieren die drei Zuflüchte in ihrem eher tantrischen oder esoterischen Aspekt. Der Guru ist das esoterische Gegenstück zum Buddha, und die Gottheiten stehen – als archetypische Symbole der spirituellen Erfahrungen – für die esoterischen Aspekte des Dharma. Die Ḍākas, Ḍākinīs und Dharmapālas, die Wesen (oder spirituellen Kräfte), in deren Gesellschaft man den Weg geht, repräsentieren den esoterischen Sangha.

Auf der vorderen Lotusblüte, der südlichen, sitzt Śākyamuni, der historische Buddha als Mensch, neben anderen historischen Buddhas, gewöhnlich dem Buddha der Vergangenheit, Dīpaṅkara, zu seiner Linken und dem Buddha der Zukunft, Maitreya, zur Rechten. Auf dem linken Lotus (vom Betrachter aus gesehen) befinden sich die Bodhisattvas, gewöhnlich die acht oder zehn hauptsächlichen, zu denen u. a. Avalokiteśvara und Mañjuśrī gehören. Sie repräsentieren den Sangha, die spirituelle Gemeinschaft des Mahāyāna. Am nördlichen Lotus, hinter dem zentralen Lotus, sieht man eine Anhäufung heiliger Schriften, die den Dharma symbolisieren. Rechts, auf dem östlichen Lotus, sieht man eine Versammlung von Arhats – von denen man sagt, daß sie die Erlösung allein für sich selbst erlangt haben – die den Hīnayāna-Sangha bilden. Darunter befinden sich große erleuchtete Schüler des Buddha wie Śāriputra und Maudgalyāyana.

Vor allem aus diesen Bildern besteht der Baum der Zuflucht. Der ganze Baum sollte klar und lebendig visualisiert werden, bevor man daran geht, weitere Übungen zu machen. Man erzeugt dieses geistige Bild und versucht gleichzeitig, Gefühle der Hingabe an alle diese großen spirituellen Figuren und archetypischen Formen zu entwickeln. Natürlich sind die Tibeter mit der Erscheinung des Baumes der Zuflucht von ihren Thangkas her vertraut. Es sind derart viele Figuren involviert, daß das Malen selbst nur eines derartigen Thangkas einen Künstler für viele Monate beschäftigen kann. Deshalb trifft man gar nicht so leicht auf Thangkas mit dem Baum der Zuflucht. Ich bekam einmal einen geschenkt, aber er war bereits nach einer Woche weg. Tomo Geshe Rinpoche, ein Freund von mir, sah und bewunderte ihn und bemerkte in ziemlich nachdenklichem Tonfall, daß er keinen derartigen Thangka in seinem Kloster in Ghoom besäße. Daher hatte ich gar keine andere Wahl, als ihm meinen zum Geschenk zu machen.

Das verbale Element dieses Mūla Yoga besteht in der lauten Rezitation einer Serie von Versen, die die Zufluchtnahme ausdrücken. Man nimmt Zuflucht zum Begründer der Tradition – im Falle der Nyingmapa-Schule zu Padmasambhava – als Verkörperung aller Zufluchten.

Schließlich gibt es das physische Element der Zufluchtnahme, das im sich Niederwerfen ausgedrückt wird. Der Körper nimmt im Vajrayāna einen bedeutenden Platz ein, im Vergleich mit der spärlichen Beachtung, die er im Hīnayāna erfährt. Natürlich anerkennen alle Richtungen des Buddhismus, daß man zur Erleuchtung einen menschlichen Körper benötigt. Trotzdem wird dieser Körper oft herabgesetzt. Manchmal wird er als beseelter Leichnam bezeichnet oder als Eimer voll Schmutz, der mitgeschleppt werden muß. Alle möglichen derartigen Vergleiche werden gezogen. Im Vajrayāna hingegen gilt es als großer Fehler, vom menschlichen Körper geringschätzig zu reden, denn er ist das Vehikel der Emanzipation und kann der Körper eines Buddha werden. In der Tat können wir nur im physischen Leib die Erleuchtungserfahrung erleben. Deshalb gilt er als kostbar und wertvoll.

Spirituelle Praktiken sind sinnlos, wenn der Körper keinen Anteil an ihnen nimmt.

Daher muß Religion nicht nur mental und verbal, sondern auch physisch stattfinden. Das tibetische spirituelle Leben hat viel mit körperlichen Übungen zu tun. Der Sinn besteht nicht nur darin, sich warm zu halten, wenn draußen vor dem Kloster Schnee liegt. Vielmehr meinen die Tibeter, man übt nur dann ernsthaft, wenn auch der Körper daran beteiligt ist. Deshalb werfen sich Tibeter auf dem ganzen Weg von Lhasa nach Bodh-Gayā nieder, auf einer Strecke von 1600 bis 1800 Kilometern. Wir mögen dies für verrückt halten, aber die Tibeter nehmen das sehr ernst und zollen denen, die dies durchführen, großen Respekt. Im gleichen Geiste visualisiert man im ersten Mūla Yoga nicht bloß den Baum der Zuflucht und sagt die Zufluchtsformel auf, man wirft sich zusätzlich langgestreckt zu Boden vor dem vorgestellten Zufluchtsbaum mit seinen Lamas, Gottheiten usw. In Indien sind abgekürzte Niederwerfungen gebräuchlich, aber die Tibeter werfen sich voll und ziemlich theatralisch nieder, das Gesicht nach unten und die Arme weit ausgestreckt.

Nachdem man im Sitzen angefangen und die Visualisierung erzeugt hat, behält man das vollständige geistige Bild vom Baum der Zuflucht vor Augen, während man sich erhebt, um die Zufluchtsverse zu rezitieren, und sich dann niederwirft. Auf diese Weise werden die drei Elemente der Übung – Visualisierung, Rezitation und Prostration – gemeinsam und gleichzeitig durchgeführt, was eine ziemlich gute Übung für Konzentration und Bewußtsein darstellt. Körper, Sprache und Geist kooperieren: Man behält stets den Baum der Zuflucht fest im Sinn, wiederholt die Verse und wirft sich nieder. Man muß auch seine Niederwerfungen mitzählen – traditionell müssen es Vielfache von 108 sein –, entweder mit der Mālā, einer 108perligen Kette, oder indem man jedesmal beim Hochkommen einen kleinen Stein von einem Haufen bewegt. Den Effekt kann man unmöglich beschreiben. Man muß es machen, um zu wissen, wie man sich dabei fühlt. Sicher kann man sagen, daß es eine gute physische Übung darstellt. Die Tibeter halten es für eine erfolgversprechende Kur gegen die Tuberkulose, vorausgesetzt man hält sie lange und intensiv genug durch.

Der Tradition gemäß soll man sich 100 000 mal niederwerfen. Das dauert drei Monate, wenn man nichts anderes tut. Aber wenn man es nur ein paar hundertmal täglich tut, braucht man fast ein Jahr. Wichtig ist, es so oft wie möglich zu tun. Man kann bereits andere Vajrayāna-Übungen aufnehmen, bevor man die Eingangsübungen beendet hat, so daß man zusätzliche Niederwerfungen zusammenbekommt, während man gleichzeitig über Tārā oder Mañjuśrī meditiert, oder noch fortgeschrittenere Praktiken durchführt. Das stellt vielleicht ein Zugeständnis an moderne Zeiten dar, ist aber bei den Tibetern selbst durchaus üblich.

Die Übung der Zufluchtnahme und des sich Niederwerfens kann als „Hīnayāna"-Komponente der vier Mūla Yogas gesehen werden, obgleich diese Komponente vom gesamten Kontext des Vajrayāna umgeformt wurde, in dem sie auch ausgeübt wird. Die tibetischen Buddhisten achten das gesamte Hīnayāna, oder was wir als Ursprungs-Buddhismus bezeichnen wollen, und sehen es in der Zuflucht zu Buddha, Dharma und Sangha erfüllt.

Die Entwicklung des Bodhicitta

Der zweite Mūla Yoga ist der der Bodhicitta-Erzeugung, des Wollens und Drängens zur Erleuchtung zum Wohle aller Lebewesen. Um dies zustande zu bringen, müssen wir erst einmal Liebe und Mitgefühl gegenüber allen Wesen entwickeln. Dieses Trachten durchwebt selbstverständlich den gesamten Buddhismus, doch auch hier, wie anderswo, fügen die Tibeter ihre eigene Note hinzu. Sie schlagen vor, man solle alle Lebewesen betrachten, als wären es die eigenen Eltern. Wie die meisten Buddhisten glauben die Tibeter an Wiedergeburten und leiten diesen Glauben aus logischen Überlegungen ab. (Tibeter lieben es, logisch zu schließen, soweit es den Buddhismus betrifft.) Sie glauben, jeder von uns habe auf dieser Erde schon Tausende oder Millionen von Malen gelebt. Deshalb sei es praktisch sicher, wenn man nur weit genug zurückschaue, daß jeder, den wir treffen, vor zehn oder hundert oder tausend Leben unsere Mutter oder unser Vater war. Es ist, als hätten wir nicht nur ein Elternpaar, sondern Millionen.

Für uns im Westen ist dies, selbst wenn wir Buddhisten sind und wenn wir – mit mehr oder weniger großem Vorbehalt – die Idee der Wiedergeburt akzeptieren, nicht wirklich ein Bestandteil unseres Seins. Aber den Tibetern steckt dieser Gedanke in Fleisch und Blut, sie fühlen ihn stark. Sie glauben wirklich, daß jede einzelne Person, die ihnen je begegnete, einst in grauer Vergangenheit ihnen Mutter oder Vater war und daß sie deshalb zu ihr freundlich und herzlich sein und sie gut behandeln sollten. Die tantrische Tradition hebt dieses Denken derart stark hervor, bis man diesen Grad von Liebe und Mitleid für alle fühlenden Wesen empfindet und natürlich den Entschluß faßt, sie aus ihren Leiden zu erretten.

Die Tibeter illustrieren diesen Punkt auf folgende Weise. Man schlendert über einen Markt und bemerkt, daß in einer entfernten Ecke eine Unruhe irgendwelcher Art im Gange ist. Es hat sich schon eine Menschenmenge versammelt, und inmitten der Menge wird jemand getreten und geschlagen. Aus Neugier nähertretend, nimmt man wahr, daß es sich um eine alte Frau handelt, die angegriffen wird. Man fühlt sich betroffen und ist der Meinung, man müsse etwas unternehmen, bahnt sich einen Weg durch die Menge und entdeckt, zum eigenen Schrecken und Staunen, daß die eigene Mutter aus einer Kopfwunde blutend auf der Erde liegt. Plötzlich wandelt sich die unpersönliche Betroffenheit in intensive Liebe und Mitleid und man prescht vorwärts zur Hilfe, da die leidende Person einem nahestehend und lieb ist.

Die spirituellen Meister Tibets sagen, wenn man in jedem leidenden Wesen den eigenen Vater oder die Mutter sieht oder eine andere liebe und nahestehende Person, wird Mitgefühl im Herzen aufsteigen – ansonsten aber nicht. Deshalb heben sie diese Idee hervor. Wir sehen viel Leiden in der Welt. Wir lesen in den Zeitungen von Menschen, die durch Unfälle oder Katastrophen getötet werden oder in einem der zahllosen Kriege fallen, aber allzuoft schlagen wir einfach die Seite um und lesen die Sportergebnisse. Wir denken nicht an die Schrecknisse, weil niemand, der uns nah oder lieb ist, darin verwickelt ist. Aber wenn wir das Empfinden haben, daß alle Lebewesen tief und intim mit uns verbunden sind, wenn wir handeln, als wären alle Wesen wirklich unsere wiedergeborenen Väter und Mütter, dann steigt tiefes Mitgefühl in uns auf. Wenn wir alle leidenden Wesen um uns in diesem Lichte sehen, fühlen wir das dringende Bedürfnis, sie zu befreien, sie auf den Pfad der Buddhaschaft zu führen. Derart bewegt, werden wir uns dafür entscheiden, durch unsere vajrayānischen Übungen Erleuchtung zu erlangen zum Wohle aller lebenden Wesen. Infolgedessen fühlen wir uns auch dazu veranlaßt, das Bodhisattva-Gelübde abzulegen.

Der zweite Mūla Yoga besteht in der Wiederholung einer Formel, die dieses Gelübde ausdrückt: die Entschlossenheit, die Erleuchtung nicht nur für sich selbst, sondern für das Wohlergehen der gesamten Welt der fühlenden Wesen zu suchen. Diese Formel muß 100 000mal rezitiert werden. Es ist ein charakteristisches Merkmal für das Vajrayāna, daß Praktiken 100 000mal durchgeführt werden müssen. Dies geschieht, damit es in das Unterbewußtsein vordringt. Es hat keinen Sinn, etwas nur einmal zu wiederholen und dann zu denken, es sei nunmehr verstanden und könne beiseite gelegt werden. Es ist nur allzu leicht zu sagen: „Ich verspreche, meine Erleuchtung, wenn ich sie erhalten habe, für das Wohl aller fühlenden Wesen zu nutzen" und dann zu meinen, man habe damit das Bodhisattva-Gelübde abgelegt. Aber diese Worte nur zu sagen, hat vielleicht keinerlei Eindruck irgendwelcher Art hinterlassen, es hinterläßt möglicherweise nicht einmal eine Spur an der Oberfläche des eigenen Bewußtseins. Daher ermahnt uns das Vajrayāna, es immer wieder zu wiederholen, tausend- oder zehntausend- oder hunderttausendmal. Nachdem wir es hunderttausendmal getan haben, wird vielleicht die Bedeutung durch das Tagesbewußtsein hindurchsickern und ins Unterbewußte eindringen, worauf es wirklich ankommt.

Darüber hinaus sollte man zwischen seinen Übungssitzungen reflektieren, daß mit jedem einströmenden Atemzug die Sünden aller Wesen, all ihre Schwächen und Unvollkommenheiten in den eigenen Körper eindringen; dort werden sie von dem Erleuchtungswillen, den man entwickelt hat, absorbiert oder vernichtet. Dann sollte man sich vorstellen, daß man mit jedem ausströmenden Atem seine eigenen guten Qualitäten, so wie sie sind, wie Mondlicht über andere ergießt und ihnen Glückseligkeit spendet. Dieser Vergleich, daß man einen wohltätigen und positiven Einfluß wie Mondlicht auf andere ausstrahlt, erinnert an die indische Tradition, weil in Indien nach der Hitze des Tages das Mondlicht kühlend und besänftigend wirkt. Wenn man die Mūla Yogas praktiziert, muß man sich die Frage stellen, ob man diesen Effekt auf andere ausübt und ob die eigenen Freunde einen mit Mondlicht vergleichen würden.

Neben diesen Übungen sollte man die *brahma vihāras*, die vier erhabenen Zustände Güte, Mitleid, Mitfreude und Gleichmut kultivieren. Diese Praktiken finden sich sowohl im Hīnayāna als auch im Mahāyāna. Generell repräsentiert dieser Mūla Yoga, die Entwicklung des Bodhicitta, die mahāyānische Komponente der vier Wurzelyogas.

Meditation und Mantrenrezitation zu Vajrasattva

Der dritte Mūla Yoga ist rein tantrischer Natur, er besitzt kein Gegenstück in Hīnayāna und Mahāyāna. Man betreibt ihn gemäß der Tradition um der „Reinigung von Sünden" willen. Im Vajrayāna gilt er als besonders wichtig. Der Sündenbegriff im Vajrayāna unterscheidet sich stark vom christlichen Sündenbegriff. Es wird bedacht, daß unser Geist von allen möglichen Dingen verdunkelt wird, die wir lieber vergessen möchten. Wenn unsere spirituellen Praktiken überhaupt irgendwohin führen sollen, dürfen wir sie nie vergessen. Wir müssen sie alle ins Tageslicht, in das Licht Buddhas mitschleppen und sie lösen. Wir müssen sie klar erkennen, sie uns vor Augen halten, bevor sie gereinigt werden können. Der Vajrasattva-Yoga, wie er genannt wird, dient diesem Zwecke.

Der Name des Vajrasattva bedeutet „Diamant des Seins". Obwohl er ein Buddha ist, wird er ikonographisch als Bodhisattva dargestellt, als junger Mann mit prinzlichen Gewändern, Juwelen und anderen Verzierungen. Manchmal nennt man ihn den sechsten Buddha, den esoterischen oder verborgenen Buddha. Das impliziert etwas Mysteriöses, eine unbekannte Größe, die nicht wirklich begreifbar ist. Vajrasattva ist der sechste Buddha in bezug auf die fünf Buddhas, die die transzendenten Gegenstücke zu den fünf Skandhas darstellen, den fünf Gliedern der bedingten Existenz.

Im Buddhismus wird alles Existierende unter zweierlei Aspekten betrachtet: dem des Bedingten, Saṃsāra genannt (das, was im tibetischen Rad des Lebens dargestellt wird), und dem des Nicht-Bedingten, Nirvāṇa genannt. Die bedingte Existenz, das gesamte weltliche Universum sowohl des Materiellen als auch des Geistigen, besteht aus den fünf Skandhas: Leiblichkeit, Gefühl, Wahrnehmung, geistige Bildekräfte und Bewußtsein. Auf der nicht-bedingten oder transzendenten Ebene gibt es eine korrespondierende Unterteilung in die fünf Ur-Buddhas. Oft werden sie auf Maṇḍalas dargestellt, einer im Zentrum und jeweils einer an jedem der vier Hauptpunkte. Die übliche Anordnung hat Vairocana, den weißen Buddha, in der Mitte. Im Norden dann Amoghasiddhi, den grünen Buddha, im Süden Ratnasambhava, den gelben Buddha, im Westen Amitābha, den roten Buddha, und im Osten schließlich Akṣobhya, den dunkelblauen Buddha (gelegentlich sitzt auch Akṣobhya in der Mitte, dann sitzt aber Vairocana im Osten). Der Zentral-Buddha bildet eine Synthese der vier anderen Buddhas, die wiederum für spezielle Aspekte dieser Hauptfigur stehen. Vajrasattva ist der esoterische Aspekt des Zentral-Buddha, des fünften Buddha. Wir können ihn uns vorstellen, als stünde er hinter dem Zentral-Buddha in einer anderen Dimension, als befände er sich „außerhalb" der Ebene, auf der die fünf Buddhas zu sehen sind.

Eines der fundamentalen Prinzipien des Tantrismus und des tibetischen Buddhismus überhaupt besteht darin, daß alle die Buddhas, Bodhisattvas, Ḍākas, Ḍākinīs, Dharmapālas usw. innerhalb des eigenen Geistes gefunden werden müssen. Wenn man in die Tiefen des eigenen Geistes vorstößt, das gewöhnliche Bewußtsein überschreitet und so weitaus Größeres, Höheres und Umfassenderes erreicht, begegnet man diesen Formen und Figuren. Wer tief genug in seinen Geist eindringt und alle Gedanken, Worte und Taten, selbst alle Buddhas und Bodhisattvas hinter sich läßt, begegnet der fundamentalen, intensiven Reinheit des Vajrasattva. Er symbolisiert die uranfängliche, ursprüngliche Reinheit des eigenen Geistes, seine tranzendentale Reinheit über Raum und Zeit hinaus. Vajrasattva verkörpert somit die Wahrheit, daß, was immer man auf der Ebene der Erscheinungswelt verrichtet haben mag, welche Sünden man begangen haben mag, wie tief man auch vielleicht gesunken sein mag auf der Leiter des Seins und Bewußtseins, man dennoch in der Tiefe seines Daseins rein geblieben ist. Unsere wahre Natur bleibt eben unangetastet und unbefleckt. Offensichtlich kann dies mißverstanden werden. Der Umstand, daß der Geist im Grunde rein bleibt, bedeutet keineswegs, daß es egal ist, was man tut. Es bedeutet im Gegenteil sehr viel, was man tut, denn nur wer sich ethisch wohl verhält und Einsicht entwickelt ist in der Lage, die uranfängliche Reinheit des eigenen Geistes, die von Vajrasattva symbolisiert wird, zu erkennen.

Zweck der Vajrasattva-Übungen ist es daher, uns mit unserer eigenen angeborenen Reinheit wiederzuvereinen, uns von unseren Sünden zu reinigen durch die Anerkenntnis, daß unter den Sünden die unbefleckte Reinheit unseres Geistes niemals befleckt wurde. Jenseits aller Buddhas und Bodhisattvas, jenseits aller Welten und Universen, aller Gedanken und Ideen, selbst aller Verwirklichungen und Erfahrungen, außerhalb der Zeit selbst, bleibt unser eigener Geist absolut rein. Wir anerkennen unsere Sünden als Sünden auf ihrem ihnen eigenen Niveau, aber wir reinigen uns durch die Erkenntnis, daß wir in der Tiefe unseres Seins niemals gesündigt haben. Darin besteht die Essenz dieser Übung.

Die Übung beginnt mit einer weiteren Visualisierung. Man visualisiert Vajrasattva plötzlich über seinem Kopf. Er ist leuchtend weiß, wie sonnenbeschienener Schnee; manchmal ist er ohne Gewänder oder Verzierungen, manchmal bekleidet mit Seide und Juwelen. Er ist jugendlich – die Texte sagen, er sei sechzehn Jahre alt, das Idealalter in bezug auf Schönheit –, und er lächelt. Danach visualisiert man das *bīja* (die Keimsilbe) *hūm*, in blauer Farbe im Zentrum seines Herzens. Sie wird von einem Buchstabenkranz umgeben, der das hundertsilbige Mantra des Vajrasattva bildet. Die Buchstaben stehen aufrecht, wie die Steine von Stonehenge, sind alle weiß und senden Licht aus.

Ein Strom von milchartigem Nektar steigt dann aus der Keimsilbe im Herzen des Vajrasattva und auch aus den umgebenden Buchstaben des Mantra. Er steigt hinab, in einen hinein, durch die Spitze des Kopfes, geht durch den Körper und wäscht alle Sünden hinaus. Man visualisiert und erlebt dies gleichzeitig. Mittels dieser Übung empfindet man ein Kältegefühl, das in den gesamten Körper hinabfließt und ihn durchdringt. Schließlich wird der eigene Körper einer mit Quark gefüllten Kristallvase ähnlich – ein traditioneller Vergleich –, und man fühlt sich gesäubert und gereinigt. Man fühlt sich transparent wie Kristall oder sogar wie reines Licht. (Tatsächlich haben alle Visualisierungsübungen einen solchen psychischen Effekt.)

Dies sind die hauptsächlichen Merkmale der Visualisierung. Nachdem man sie durchgeführt hat, rezitiert man das hundertsilbige Mantra sooft, als man es in einer Sitzung vermag, wobei das Ziel ist, im Laufe der Zeit auf 100 000 Rezitationen zu kommen. Das Mantra selbst drückt den Gedanken von der Wiedervereinigung mit der eigenen innerlichen, reinen Vajrasattva-Natur aus. Am Ende der Übung wird der vi-

sualisierte Vajrasattva ins Leere, in die *śūnyatā*, hinein aufgelöst. Dies stellt die übliche Prozedur dar, nach der am Ende einer Visualisierungsübung verfahren wird.

Die Darbringung des Maṇḍala

Das Wort Maṇḍala, das im Sanskrit zunächst „Kreis" heißt,
hat verschiedenerlei Bedeutungen. In diesem Kontext bedeutet es eine symbolische Repräsentation des gesamten Universums gemäß der altindischen kosmologischen Tradition. Die
Übung besteht in der Darbringung des Maṇḍala, der Darbringung des Kosmos, wie er war, für die drei Juwelen – den
Buddha, den Dharma und den Sangha – sowohl in ihren exoterischen als auch esoterischen Aspekten. Diese werden mehr
oder weniger so visualisiert wie in der Praxis der Zufluchtnahme und Niederwerfung – mit der Ausnahme, daß es keinen Baum gibt. Man führt dann eine spezielle tantrische Version des Ergebenheitskultes aus, die man die Siebenfältige
Pūjā nennt. Danach wird das Maṇḍala als Symbol des Universums verfertigt und dargebracht.

Die symbolische Repräsentation des Universums besteht
aus siebenunddreißig Teilen, die herausragende Bestandteile
des Universums ebenso abbilden wie seine wertvollsten Teile,
wozu der Berg Meru (der Weltenberg in der Mitte), die vier
großen und acht kleinen Erdteile, die sieben „Kostbarkeiten"
usw. gehören. Die traditionelle Praxis besteht darin, das Maṇḍala zu konstruieren, indem man Reiskörner auf einem run-
den Kupfertablett aufhäuft und Ringe aus Kupfer oder Silber
dazufügt, bis eine konische Struktur mit verschiedenen Rang-
stufen zu sehen ist. Die verschiedenen Reishäufchen um den
Grundstock und auf höheren Ebenen stehen für verschiedene
Elemente des stofflichen Universums. Während man das Mo-
dell aufbaut, hat man dies im Gedächtnis und wiederholt die
entsprechenden Namen. Es gibt sieben Wege, das Maṇḍala
darzubringen. Gewöhnlich hebt man es mit den Händen hoch,
wobei man verschiedene Mantras und Verse rezitiert, die die

Darbringung des gesamten Universums an die Drei Juwelen ausdrücken.

Die Bedeutung dieses Kultes führt zurück zum zweiten Mūla Yoga, dessen Ziel darin besteht, den Wunsch zu entwickeln, die Erleuchtung zum Wohle aller Wesen zu erlangen. Um dies durchzuführen, benötigt man eine enorme Anhäufung von „Verdiensten", sogenannten *puṇyas*, mit anderen Worten gute Qualitäten und günstige spirituelle Attribute. Es gehört zu den Grundvorgaben des Buddhismus, daß man Verdienste durch *dāna*, durch Geben erlangt. Das ist in buddhistischen Ländern eine Haupttugend, und es ist wundervoll, daß die Leute so großzügig sind, wirklich alles mit einem teilen. Wenn man jemandes Haus aufsucht, bekommt man mindestens eine Schale Tee, vielleicht auch ein Essen oder ein kleines Geschenk. Im Gegenzug darf man aber auch niemanden mit leeren Händen besuchen. Wenn es somit schon verdienstvoll ist, eine Schale Tee darzubringen oder etwas Geld, jemandem Zeit oder Energie zu schenken oder ein Kloster oder einen Tempel zu stiften, um wieviel verdienstvoller ist es dann, das gesamte Universum darzubringen! Wenn man absolut alles darbringt, sollte man auch ungezählte Verdienste dadurch erwerben.

Das Problem dabei ist, daß wir nicht soviel verfügbar haben, wie wir gerne darbringen möchten, und zudem sind viele von uns ziemlich arm. Aber der Buddhismus lehrt, daß es die Absicht ist, die zählt. Die gedankliche Darbringung ist in Wirklichkeit die wahre Darbringung (mit dem Vorbehalt, daß eine Darbringung mehr Wirklichkeit enthält, wenn sie von einem körperlichen Akt des Gebens begleitet wird). Man bringt symbolisch das gesamte Universum in allen seinen Aspekten dar, mit allen seinen Schätzen, und versucht gleichzeitig, den Gedanken zu entwickeln, daß man all dies, wenn man es selbst besäße, dem Buddha, dem Dharma und dem Sangha darbringen würde.

Dies darf nicht zu einer bloßen Formalität absinken. Während man das Maṇḍala darbringt, sollte man ehrlich im Sinne haben, absolut alles darzubringen, daß man, selbst wenn man der reichste Mensch auf Erden würde, alles dem Buddhismus hingeben würde. Wenn man der Herr des Universums würde, so sollte man nichts Besseres damit anzufangen wissen, als es den Drei Juwelen darzubringen. Einige buddhistische Könige der Vergangenheit brachten ihr Königreich auf spektakuläre Weise dem Buddha dar (obwohl sie es manchmal am nächsten Tag wieder zurücknahmen). Die Darbringung des Maṇḍala drückt den Willen aus zu geben, den Willen, sich hinzugeben. Sie ist das längste der Mūla Yogas in bezug auf seine Vollendung, denn die gesamte Prozedur sollte, wie wir uns schon denken können, 100 000mal durchgeführt werden.

Zusammengenommen bilden diese vier Wurzelyogas die Basis der spirituellen Übungen im tibetischen Buddhismus. Sie gelten als Vorbereitung zur Praxis des Vajrayāna, zum tantrischen Buddhismus als Ganzes. Es heißt aber auch, daß, wenn eines von ihnen – besonders der Vajrasattva-Yoga – hinreichend sorgfältig, regelmäßig und ernsthaft gepflegt werde, es einen in der Tat schon sehr in die Nähe der Erleuchtung bringe.

7

Die tantrische Initiation

Daß die vajrayānischen Meditationsmethoden in vielerlei Hinsicht von den hīnayānischen und mahāyānischen verschieden sind, wird bereits in den Einzelheiten der Mūla Yogas offensichtlich. Trotzdem wird die tantrische Meditation nicht über ihre Praktiken definiert. Ihr besonderes Kennzeichen besteht darin, daß sie vom Sādhaka, dem Vollzieher, nach der Initiation durch einen Guru ausgeübt wird. Dies bedeutet nicht bloß, eine Meditationsmethode gelehrt zu bekommen, obwohl auch dies in gewisser Weise bereits eine Initiation darstellt. Der Sanskritausdruck für eine tantrische Initiation heißt abhiṣeka, was gemäß Wörterbuch „Sprühregen" bedeutet. Es entspricht der Wahrheit, daß die zu initiierende Person im Verlaufe der Initiation manchmal zeremoniell mit Wasser besprengt wird. Aber dies ist nur ein Aspekt des Rituales: Er erklärt uns keineswegs etwas über die essentielle Bedeutung der Initiation. Das Wort, das die Tibeter für abhiṣeka benutzen, ist *wongkur* abgekürzt *wong*. Es gibt uns einen ersten Hinweis auf das, was tantrische Initiation beinhaltet. *Wong* bedeutet „Kraft", „Energie", auch „spirituelle Potenz", und *kur* bedeutet „Übertragung" oder „Verleihung". Damit gibt *wongkur* – „Übertragung von Kraft" – die innewohnende Bedeutung des Wortes abhiṣeka besser wieder als seine wörterbuchgetreue Definition. Im wesentlichen besteht eine tantrische Initiation aus der Übertragung spiritueller Kraft vom Guru auf den Schüler. Dies wird durch das Besprengen mit Wasser symbolisiert und auch sehr häufig durch ein Mantra verkörpert, eine heilige Silbe oder ein heiliger Spruch, die man bei der Initiation erhält und die immer wieder wiederholt werden müssen.

Andererseits ziehen wir es möglicherweise vor, von *wong-kur* als von einer Aktivierung von Kräften zu denken. Eigentlich gibt der Guru nicht wirklich etwas von seiner eigenen Kraft an den Schüler ab. Vielmehr aktiviert er durch seine spirituelle Präsenz die latent vorhandenen spirituellen Kräfte des Schülers. Aber man muß zugeben, daß viele Leute im Verlauf einer tantrischen Initiation eine konkrete Übertragung von Kraft spürbar erfahren. Sie fühlen keineswegs, daß irgend etwas in ihnen aktiviert würde. Statt dessen spüren sie eher, wie etwas vom Guru in sie eindringt, sie wie ein spiritueller elektrischer Schlag durchfährt. Jeder, der einmal eine spirituelle Heilung erlebt hat, dürfte sich von dieser Art von Vorgang eine Vorstellung machen können. Natürlich ist tantrische Initiation in keiner Weise mit spiritueller Heilung verwandt. Aber auf ähnliche Weise, wie gesundheitsgebende, positive Kräfte vom Heiler auf den Patienten übergehen, so geht, auf weit höherer Stufe, eine Art Ladung spiritueller Energie vom Guru auf den Schüler über.

Daraus wird deutlich, daß tantrische Meditation nicht ohne einen Guru ausgeübt werden kann. Dies wäre ein Widerspruch in sich. Wenn jemand eine angebliche tantrische Meditation praktizieren würde, ohne vorher von einem Guru ordnungsgemäß dazu initiiert worden zu sein, so käme lediglich eine mahāyānische Meditation dabei heraus. Andererseits wird aus einem mahāyānischen Typus von Meditation nach erfolgter Initiation durch einen Guru nunmehr eine tantrische Praxis. Man kann nicht spezifische Meditationspraktiken so einfach in tantrisch und nicht-tantrisch unterteilen. Der Unterschied besteht darin, ob man sie ausübt, nachdem man im tantrischen Sinne von einem Guru initiiert worden ist. Wenn man eine Meditationstechnik für sich alleine ausübt, auch unter Zuhilfenahme eines sich tantrisch nennenden Buches, ist das ganz und gar keine tantrische Übung. Es gibt im tibetischen Buddhismus eine ganze Reihe von Meditationspraktiken, die niemals ohne Initiation ausgeübt werden (oder werden sollten) und daher richtigerweise als tantrische Meditationen beschrieben werden. Sie sind nicht etwa „tantrisch" aufgrund dessen, was man in ihrem Verlaufe tut, sondern vielmehr deshalb, weil man in sie durch einen tantrischen Guru eingeführt wurde.

Allgemein gesagt gibt es vier verschiedene „wongs" oder tantrische Initiationen im Vajrayāna. Die erste heißt *kalaśa abhiṣeka* oder „Gefäß-Initiation", die so genannt wird, weil man im alten Indien im Verlauf dieser Initiation (die aus sechs kleineren Initiationen besteht) ein Gefäß benutzt hat. Die zweite nennt man *guhya abhiṣeka,* die „geheime oder esoterische Initiation". Sie heißt so, weil sie, neben anderen Dingen, Übungen verschiedener esoterischer Methoden der Kontrolle von Atem und Nervenkraft umfaßt. Die dritte Initiation wird *jñāna-prajñā abhiṣeka* genannt, was soviel bedeutet wie „Kenntnis von *prajñā*". *Prajñā* heißt eigentlich „Weisheit", aber im Vajrayāna hat jeder Ausdruck eine etwas von der Definition des Mahāyāna abweichende Bedeutung. In diesem Zusammenhang bedeutet *prajñā* den weiblichen Partner bei der Übung, auch Ḍākinī genannt. Dies kann wörtlich verstanden und angewandt werden auf eine Person, mit der man verschiedene Praktiken, die zu dieser Stufe der tantrischen Meditationserfahrung gehören, ausführt.

Auf einer niedereren Ebene kann dies verstanden werden als Beziehung für die unerkannte „weibliche" Seite seiner Natur, falls man ein Mann ist, oder für die „männliche" Seite ihrer Natur, sofern man eine Frau ist. Die Kenntnis hiervon ist das Ziel der *jñāna-prajñā.* Die letzte Initiation hat keinen beschreibenden Titel, man nennt sie einfach „die vierte".

Diese tantrischen Initiationen sind verbunden mit Körper, Sprache und Geist, den grundsätzlichen Bestandteilen des Menschen in buddhistischer Sicht. Ziel des Vajrayāna, wie aller Ausprägungen des Buddhismus, ist die Erleuchtung. Allerdings spricht das Vajrayāna von der Erleuchtung auf eine besondere Weise, nämlich in Begriffen des Erwerbs der drei *kāyas. Kāya* bedeutet „Körper", aber nicht Körper als Gegensatz zum Geist. „Persönlichkeit" wäre eine bessere Übersetzung. Im Einklang mit den allgemeinen buddhistischen Lehren repräsentieren die drei *kāyas* verschiedene Facetten des erleuchteten Geistes, verschiedene Aspekte der Buddhaschaft, wie sie auf den drei Ebenen erscheinen. Als erstes gibt es *nirmāṇakāya*, den „Leib der Manifestation", mit anderen Worten die Buddhaschaft, wie sie auf der historischen Ebene in Form des spezifischen historischen Lehrers Gautama Buddha (oder Padmasambhava im Falle der Nyingmapa) in Erscheinung tritt. Dann den *saṃbhogakāya*, was soviel bedeutet wie „Genuß-Leib", der die Buddhaschaft in höheren himmlischen oder archetypischen Ebenen, oberhalb und außerhalb des historischen Kontexts, vertritt. Drittens spricht man vom *dharmakāya*, dem „Dharma-Leib", der „absoluten Persönlichkeit" oder dem „Körper der Wahrheit". Dies ist die Buddhaschaft in ihrer höchsten Essenz, d. h. über der historischen Ebene und auch über der archetypischen Ebene.

Damit manifestiert sich oder existiert der Buddha nach der Trikāya-Lehre, der „Lehre vom dreifachen Leib" auf folgenden drei unterschiedlichen Ebenen von Realität: der absoluten Ebene, der archetypischen Ebene und der menschlich-geschichtlichen Ebene. Die drei *kāyas* repräsentieren Körper, Sprache und Geist des Buddha. Was in uns Geist ist, ist im Buddha umgewandelt in *dharmakāya*. Was in uns Sprache, Kommunikation ist, wird im Buddha zu *saṃbhogakāya*. Was an uns physischer Körper ist, wird im Buddha zu *nirmāṇakāya*. Gegenstand des Vajrayāna ist nicht bloß, daß wir allgemeine Erleuchtung erlangen. Das Vajrayāna ist hier konkreter, spezifischer: Das Ziel besteht darin, daß wir mit den drei kāyas ausgestattet werden sollen. Unser Körper, unsere Sprache und unser Geist sollten transformiert werden in die dreifaltige Persönlichkeit eines Buddhas.

Die ersten drei tantrischen Initiationen und die mit ihnen verbundenen Praktiken dienen dazu, dies zustande zu bringen. Unser physischer Leib wird mit Hilfe des „Gefäß"-*wongs* und den damit verbundenen Meditationen in den *nirmāṇakāya* eines Buddha transformiert. Unsere Sprache, unsere Kommunikation werden transformiert in den *saṃbhogakāya* durch die Hilfe des „geheimen" *wongs*. Unser Geist wird in den *dharmakāya*, die Essenz der Buddhaschaft, transformiert durch die „Kenntnis von prajñā"-*wong*.

Das vierte *wong* bewirkt die Verwandlung von Körper, Sprache und Geist nicht nur individuell, sondern kollektiv in etwas, das *svabhāvikakāya* („selbst existierender Körper" oder „selbst existierende Person") genannt wird. Dabei handelt es sich nicht wirklich um einen vierten *kāya*, sondern um die kollektive Transformation von Körper, Sprache und Geist in die drei *kāyas* eines Buddha. Somit ist das vierte *wongkur* nicht so sehr ein eigenes *wong* als vielmehr die Gesamtheit der anderen drei.

Die vier tantrischen Initiationen sind auch verbunden mit den vier Yogas – nicht den Mūla Yogas, sondern verschiedenen Yogas, die manchmal als die „vier Tantras" bezeichnet werden. Das erste von diesen ist der *kriyāyoga*, das rituelle Tantra, das eine ganze Klasse von Praktiken mit Hunderten von einzelnen Übungen abdeckt. Die *Kriyāyoga*übungen werden gewöhnlich als ein Teil Meditation und drei Teile symbolische Rituale beschrieben. Wenn eine tantrische Übung beispielsweise aus einer Viertelstunde Meditation und drei Viertelstunden Ritual besteht, würde man sie als zum *kriyāyoga* gehörend einstufen. Der zweite Yoga ist der *upāyayoga*, was soviel bedeutet wie „beidseitiges Tantra". Die *upāyayoga*-Übungen bestehen zur Hälfte aus symbolischer Meditation und zur Hälfte aus Ritualen. Drittens gibt es das *yoga tantra*, das aus drei Teilen Meditation und einem Teil symbolischen Ritualen besteht. Der vierte Yoga ist der *anuttara yoga*, der unübertroffene Yoga, der gemäß dem traditionellen Schema nur der Meditation gewidmet ist.

Zwischen den vier Initiationen und den vier Yogas gibt es keine direkte Entsprechung: Nicht für jeden Yoga ist eine eigene Initiation vorgesehen. Die ersten drei Yogas umfassen das sogenannte Äußere oder Exoterische Tantra, der *anuttara yoga* bildet das Innere oder Esoterische Tantra. Wenn man Übungen durchführen möchte, die zu den ersten drei Yogas, dem Äußeren Tantra, gehören, benötigt man lediglich eine vereinfachte Form der ersten Initiation, die „Körper"-*wong* oder „kleines" *wong* genannt wird, dann kann man mit den Übungen anfangen. Wenn man hingegen die Meditationen des Inneren oder Esoterischen Tantra betreiben will, braucht man alle vier Initiationen, die insgesamt als „großes" *wong* oder „große tantrische Initiation" bezeichnet werden.

Es ist nicht allzuviel, was man auf wenigen Seiten über den tantrischen Buddhismus mitteilen kann. Es gibt aber ebenso Grenzen der Angemessenheit und sogar der Schicklichkeit. So besteht eine der Bedingungen der Initiation in den Inneren Tantrismus darin, Stillschweigen über die Praktiken gegenüber jedermann zu halten, der nicht dieselbe Initiation erhalten hat. In jedem Falle sprechen oder schreiben tibetische Buddhisten selten über Meditation – sie sind zu sehr mit deren Ausübung beschäftigt. Nur wir im Westen besitzen einen Haufen von Lektionen und Büchern über Meditation. Natürlich ist es nicht schädlich, profunde Kenntnisse der Theorie zu besitzen, aber früher oder später müssen wir mit der Praxis beginnen.

Zwar ist es unmöglich, über die Praktiken des Inneren Tantra zu sprechen, doch das Äußere Tantra ist offener und zugänglicher. Seine Praktiken werden in Tibet sowohl von vielen Laien als auch von gewöhnlichen Mönchen, die keine Lehrer sind, ausgeübt. Es gibt vielerlei Arten von Übungen. Als ich erstmalig mit dem tibetischen Buddhismus in Berührung kam, insbesondere mit tantrischer Meditation, war ich von der Überfülle – ja vom Durcheinander – des Materials, dem ich mich gegenübersah, verwirrt. Mit meinem wohl ziemlich methodischen und ordentlichen Verstand war ich wenig glücklich über die Haufen unorganisierten Materials, das nicht ordentlich und sauber zusammenzupassen schien – bis mir klar wurde, daß es nie dazu gedacht war, auf irgendein Ordnungsschema reduziert zu werden. So war es vermutlich das beste, eine einzelne Praxis aus dem Haufen, wie er war, auszuwählen und mich auf sie zu konzentrieren.

Eine der populärsten Praktiken des Äußeren Tantra ist die Meditation über die Grüne Tārā, Drölma im Tibetischen. Im Hīnayāna und Mahāyāna sind die Buddhas und Bodhisattvas stets männlich, aber im Vajrayāna finden wir ebensoviele weibliche, und die Tārā ist die bedeutendste von ihnen. Ihr Sanskrit-Name bedeutet „die, die hinüberfährt" im Sinne von „die, die rettet" und wird gewöhnlich mit „Retterin" übersetzt. Jede Bodhisattva-Form repräsentiert einen besonderen Aspekt der Erleuchtung. Die Tārā ist die Verkörperung des Mitleids. Sie ist sogar mehr als das, denn wir könnten sagen, daß sie die Verkörperung der Verkörperung des Mitleids darstellt. Sie ist nämlich in gewisser Weise die spirituelle Tochter von Avalokiteśvara, dem großen Bodhisattva des Mitleids. Er ist einer der drei wichtigsten Bodhisattvas sowohl im Mahāyāna wie im Tantrayāna. Neben ihm verkörpern Mañjuśrī die Weisheit und Vajrapāṇi die Kraft oder Energie.

Nach der Legende blickte einst Avalokiteśvara von der Terrasse seines Palastes auf die Welt hinunter und sah die ganze Menge der Menschen. Er sah Menschen, die vielerlei Schwierigkeiten ertrugen und auch viele Leiden. Einige waren in langwierige Prozesse verstrickt, andere lagen krank zu Bette, während wiederum andere gerade von Räubern heimgesucht oder auf offener Straße ausgeplündert wurden. Manche trauerten über Todesfälle oder erlitten selbst einen qualvollen Tod, wie etwa den, von wilden Tieren aufgefressen zu werden. Als der große Bodhisattva Avalokiteśvara der Unmenge menschlichen Leidens gewahr wurde, konnte er vor lauter Mitleid die Tränen nicht zurückhalten. Er vergoß so viele Tränen, daß sich ein großer See daraus bildete. Mitten in diesem See erschien ein gewaltiger weißer Lotus, der seine Blütenblätter entfaltete und die wunderschöne grüne Göttin – den weiblichen Bodhisattva Tārā – entließ, die der Legende nach aus den Tränen des Avalokiteśvara geboren wurde. Wenn also Avalokiteśvara das Mitleid verkörpert, so stellt Tārā die Essenz, ja die Quintessenz dieses Mitleids dar.

Sie hat in Tibet viele Ausprägungen, aber es gibt zwei hauptsächliche, die Weiße Tārā und die Grüne Tārā . Sie werden beide hoch verehrt, aber die Grüne Tārā – auch Khadiravaṇī Tārā genannt – ist die volkstümlichere von beiden. Es gibt viele Arten, ihr auf dem Weg einer Meditation entgegenzutreten, und die nachfolgende ist die beliebteste. Der eigentliche

Vorgang ist anderen tantrischen Praktiken ähnlich, bei denen verschiedene Buddhas und Bodhisattvas angerufen werden.

Die Meditation hat zehn Stufen. Wie bei jeder tantrischen Meditationsübung beginnt man mit der Zufluchtnahme als kurzer Rekapitulation des Hīnayāna. Aber die Zufluchten sind tantrisch gefärbt. Als erstes sagt man: „Ich nehme meine Zuflucht zum Guru", da die tantrische Sicht – wie wir in Kapitel 4 sahen – den Guru verlangt, um durch ihn zu den anderen Zufluchten zu gelangen. In dieser Praxis ist der Guru der Zuflucht Amitābha, der Buddha des unbegrenzten Lichtes, weil er das Oberhaupt der spirituellen „Familie" darstellt, zu der Avalokiteśvara und Tārā gehören. Tibetische Malereien zeigen die Grüne Tārā mit einem kleinen Bildnis des Amitābha im Haar dargestellt.

Daraufhin wiederholt man die Formel der Zufluchtnahme zum Buddha, zum Dharma und zum Sangha. Auch diese weist in der tantrischen Meditation eine tantrische Färbung auf, die je nach Art der Übung variiert. In der Tārā-Übung sieht man in der Tārā selbst den Buddha. D. h., man nimmt Zuflucht zum Mitleidsaspekt der Erleuchtung. In dieser Praxis ist der Dharma das große Mitleid der Tārā, man hat es also insbesondere mit dem Mitleidsaspekt des Dharma zu tun. In diesem Zusammenhang besteht der Sangha aus den einundzwanzig Manifestationen oder Formen der Tārā. Man nimmt also Zuflucht bei Amitābha als Guru, zur Tārā selbst als Buddha, zu ihrem Mitleid als dem Dharma, und zu ihren einundzwanzig Formen als dem Sangha. In anderen Übungen folgt man demselben Schema. Wenn man beispielsweise die Mañjuśrī-Übung durchführt, nimmt man bei Vairocana als Guru seine Zuflucht, bei Mañjuśrī als Buddha, bei seiner Weisheit als Dharma und bei seinen acht Erscheinungsformen als Sangha.

Die zweite Stufe der Praxis der Grünen Tārā besteht in der Entwicklung der vier *brahma vihāras*, der vier göttlichen Wohnungen oder großartigen Verweilzustände des Geistes. Es sind dies *maitrī*, die Güte im Sinne universeller Freundlichkeit; *karuṇā*, das Mitleid mit all denen, die leiden; *muditā*, die Mitfreude, anders gesagt: die Freude an der Freude anderer;

und *upeksā*, der Gleichmut, die Ausgewogenheit des Geistes. Die *brahma vihāras* findet man ebenso im Mahāyāna und im Hīnayāna, aber im Hīnayāna sieht man in ihnen lediglich *śamathā-Übungen*, das sind Übungen zur Beruhigung des Geistes. Im Mahāyāna sieht man sie auch als *vipaśyanā-Übungen* zur Entwicklung klarer Einsicht an, denn wenn man diese vier erhabenen Gefühle entwickelt und sie auf alle lebenden Wesen richtet, erkennt man gleichzeitig, daß diese Wesen letztlich leer (oder *śūnya*) sind. Dieses Stadium der Tārā-Übung gilt als eine kurze Wiederholung des Mahāyāna in einem tantrischen Zusammenhang.

Die nächste Stufe der Übungen ist die Meditation über die *śūnyatā* selbst. Auch sie ist vom Mahāyāna übernommen worden, wo sie als Hauptthema der Meditation betrachtet wird. Diese Stufe ist überaus wichtig. Es wird behauptet, man könne das Vajrayāna nicht wirklich ausüben ohne einige Erfahrungen in bezug auf Leerheit, einen Geschmack von *śūnyatā*. Ein Freund und Lehrer von mir in Kalimpong, Yogi Chen, pflegte zu mir zu sagen, ohne *śūnyatā-Meditation* seien alle Visualisierungen und Rituale des Vajrayāna nichts als gewöhnliche Magie. Ohne die Erfahrung der *śūnyatā* verbleibt jede Übung lediglich auf der Ebene der Psychologie.

Viertens gibt es die Visualisierung des *bīja* (der Keimsilbe) der Tārā. Im Hintergrund befindet sich die *śūnyatā*, das Absolute, das Nicht-Bedingte, das als tief dunkelblauer Himmel visualisiert wird. In der Mitte dieses Blaus visualisiert man dann die Keimsilbe. Jede tantrische Gottheit, ob weiblich oder männlich, hat eine ihr zugeordnete Keimsilbe, die das Herz oder die Essenz dieser Gottheit ausmachen soll. Wie etwa ein ganzer Baum bereits potentiell im Samen enthalten ist, ist der Buddha oder Bodhisattva in dem *bīja* enthalten. Das *bīja* der Grünen Tārā ist die Silbe *tāṃ*. Man visualisiert – in der Mitte der Leere – diese Silbe in grüner Farbe und in tibetischen oder Sanskrit-Schriftzeichen geschrieben. Der Schriftzug steht aufrecht auf einer waagrechten Mondscheibe auf einem weißen Lotus und ergießt sein Licht in alle Richtungen.

Als nächstes kommen wir zur zentralen Stufe der ganzen Übung, der Visualisierung der Grünen Tārā selbst. Sie erscheint aus ihrer Keimsilbe heraustretend und ist natürlich selbst ebenfalls grün. Sie lächelt dabei wunderschön und trägt eine verzierte Krone mit den fünf Buddhas, die die fünf Weisheiten vertreten. Ihre rechte Hand ruht auf ihrem rechten Knie, die Handfläche nach außen, eine Geste der Wunschgewährung. Die andere Hand hält einen dreiblütigen blauen Lotus vor ihre linke Brust. Der Lotus vertritt die Buddhas von Vergangenheit, Gegenwart und Zukunft. Ein Bein befindet sich in Meditationsstellung, während das andere frei herabhängt, als schicke sie sich an, herabzusteigen. Dies symbolisiert, daß sie, obwohl eingetaucht in Meditation, in die Erfahrung der Absolutheit, doch stets bereit ist, aus Mitleid die Welt zu betreten, um Menschen zu helfen. Gelegentlich wird behauptet, die Grüne Tārā verkörpere drei weibliche Archetypen: die Jungfrau in der vollständigen Reinheit ihrer transzendenten Natur, die Mutter mit ihrer Liebe und ihrem Mitleid und die Königin in ihrer spirituellen Souveränität und Macht.

Es gibt verschiedene Arten oder Stadien von Visualisierung – man kann in Träumen oder Halluzinationen visualisieren – aber das visualisierte Bild, das man in der Meditation dieser Stufe erreicht, sollte von anderer Qualität sein. Die visualisierte Form der Tārā sollte nicht fest und undurchsichtig sein, denn dies zeigt einen niedereren Grad von Meditation an. Sie sollte zart und durchscheinend visualisiert werden, wie die Farben des Regenbogens. Oder, wie es manchmal heißt, die Farben sollten wie die Reflektionen in einem Spiegel zu sehen sein, ziemlich unstet und subtil.

Visualisierungen spielen in der tibetischen buddhistischen Meditation eine besonders wichtige Rolle. Allgemein gesagt besteht das Ziel darin, sich in den Stand zu versetzen, aus den Tiefen des eigenen Geistes höhere Aspekte des eigenen Selbst, deren man sich noch nicht voll bewußt ist, hervorzubringen. Das visualisierte Bild, in diesem Falle Tārā, fungiert als Brennpunkt für die einem selbst innewohnenden Qualitäten, die jetzt noch nicht entwickelt, aber im Unbewußten vorhanden sind. Tārā als Vertreterin des Mitleids wird auf der Ebene des bewußten oder sogar überbewußten Geistes zum Brennpunkt für die eigenen noch immer unerkannten Fähigkeiten des Mitleidens. Mit Hilfe des visualisierten Bildes können diese unentwickelten, tief innewohnenden Mitleidsgefühle, die den höheren Teil der eigenen natürlichen Wesensart darstellen, die Barriere des Bewußtseins durchdringen und in das eigene bewußte Sein auf höheren Ebenen integriert werden. Um es einfach auszudrücken, durch die Übung des Visualisierens der Tārā wird man fähiger zum Mitleiden.

Die sechste Stufe der Übung besteht aus Visualisierung und Wiederholung des Mantra der Grünen Tārā. Im Herzen des visualisierten Bildes der Tārā sieht man die Keimsilbe „tāṃ" und darum herum die zehn Buchstaben ihres Mantra. Man visualisiert diese zehn Buchstaben als aufrecht stehend, Licht aussendend und sich im Gegenuhrzeigersinn drehend. (Im Falle männlicher Gottheiten drehen sich die Buchstaben im Uhrzeigersinn.) Dies ist der schwierigste Teil der Visualisierung, denn ein statisches Bild ist leichter zu sehen als ein bewegtes. Man sagt, daß man, wenn man geistig ruhelos ist, die Buchstaben des Mantra langsam rotieren lassen soll. Wenn man sich hingegen träge und müde fühlt, dann soll man sie schnell kreisen lassen. Während man die Buchstaben drehend visualisiert, soll man das Mantra mindestens 108mal wiederholen – je öfter, desto besser. Zwischen den einzelnen Meditationen kann man natürlich das Mantra so oft aufsagen, wie man will.

Im nächsten Stadium löst man die Figur der Tārā auf, einschließlich der Keimsilbe und des Mantra, und schickt sie zurück in die Leere, den „blauen Himmel", vor dem man sie sich vorgestellt hat. Dies geht stufenweise vonstatten. Man entläßt die Tārā zurück in den Lotus und auf die „Mond-Matte", auf der sie sitzt, und läßt zunächst das Mantra verblassen und danach die Keimsilbe. Zuletzt erlaubt man der Keimsilbe, im Leeren zu verschwinden. Diese Stufe bringt die Wahrheit zum Vorschein, daß alle diese Formen, Buddhas oder Bodhisattvas, Tārā oder Mañjuśrī oder was auch immer, sich aus der Leere erheben, aus den Tiefen des „Einen Geistes", und nicht getrennt davon existieren. In anderen Traditionen wird oft gedacht, die Götter, Göttinnen, Heiligen, Weisen, Erlöser usw., die in der Meditation erscheinen, besäßen eine getrennte, eigenständige, objektive Existenz. Aber im tantrischen Buddhismus werden solche Gebilde und Bilder als Produkte betrachtet, die letztlich dem eigenen Geiste oder Bewußtsein entspringen und daher selbst absolut geistig sind. Wir machen uns diese Wahrheit dadurch klar, daß wir die Figur der Tārā auflösen und wieder in die Leere schicken, aus der sie kam.

Die neunte Stufe besteht dann aus der Doppelmeditation über Tārā und die Leere. Hier wird nichts erzeugt: Die Figur der Tārā erscheint spontan, wie die silbrigen Schuppen eines Fisches, die im Wasser durch das einfallende Licht aufblitzen. Die Tārā taucht aus der Leere auf und man visualisiert die Figur und die Erfahrung der Leerheit zur gleichen Zeit. Bisher konzentrierte man sich in der Übung einerseits auf die Tārā und andererseits auf die Leerheit, nunmehr aber richtet man seinen Geist auf die Durchdringung beider. Sie repräsentieren damit die Identität von *rūpa* (Form) – hier durch die Tārā vertreten – und *śūnyatā*. Wie das *Herz-Sūtra* besagt: Was Form ist, ist Leere, und was Leere ist, ist Form. Es gibt keinen Unterschied zwischen ihnen. Auf dieser Stufe erkennt man die Wahrheit der Lehren des *Herz-Sūtra*. Man erkennt durch eigene Anschauung die Ununterschiedlichkeit von Numinosem und Erscheinungsweltlichem, von Absolutem und Relativem. Sie sind eines. In diesem Stadium identifiziert man sich und alle anderen Wesen mit Tārā, und man identifiziert alles, was man hört, mit dem Mantra. Wenn jemand irgend etwas sagt, versucht man so zu empfinden, als ob Tārā selbst spräche, das ist der Widerhall des Mantra der Tārā. So identifiziert man sich mit der Tārā und allen fühlenden Wesen und wird somit selbst zu einer Verkörperung des Mitleids.

Die zehnte und letzte Stufe der Übung ist die Widmung von Verdiensten, sie stellt den Abschluß aller buddhistischen spirituellen Praktiken dar. Welche Verdienste man auch immer durch diese Meditationspraxis erworben haben mag, man beschließt, sie mit allen lebenden Wesen zu teilen. Es verbleibt nichts, das man für sich selbst zurückbehalten möchte.

Diese Beschreibung liefert zumindest einen Eindruck vom Wesen der Meditation über die Grüne Tārā. Will man aber wirklich verstehen, was sie bedeutet, was mit dieser Erfahrung alles verbunden ist, so muß man die Übung selbst durchführen. Es gibt keinen anderen Weg, um zu erfassen, worum es dabei geht. Die obenstehende Beschreibung bezieht sich lediglich auf die meditative Seite der Übung – es gibt auch rituelle Elemente –, aber für tibetische Verhältnisse ist das Ganze eher ziemlich einfach. Trotzdem vereinfachen gewöhnliche Übende, besonders Laien, die Übung sogar weiter. Sie haben in ihrem Zimmer oder auf ihrem Schrein ein Bildnis oder eine Bildrolle der Tārā, um sich eine Vorstellung davon machen zu können, was sie versuchen sollten zu visualisieren. Außerdem legen sie allmorgendlich sieben Opferschalen auf und füllen sie mit Wasser, wobei sie gewöhnlich das Mantra aufsagen. Sie entzünden eine Lampe oder Räucherwerk und blicken dabei auf das Bild oder verbeugen sich vor ihm. Dies genügt in der Regel für den rituellen Teil der Übung. Danach sitzen sie im Schneidersitz auf einer Decke oder einer Art Pritsche und beginnen mit der Übung.

Sie fangen mit dem Aufsagen von Hymnen an, mit denen sie Tārā und ihr großes Mitleid preisen. Gewöhnlich wird sie in diesen Hymnen Glied für Glied und Ornament für Ornament beschrieben, so daß man sich im Geiste ein Bild von ihr machen kann. Dann rezitieren sie Verse, die ihre Zufluchtnahme ausdrücken, ihre Übungen der vier *brahma vihāras* und ihr Bodhisattva-Gelübde. Wenn sie dann so dasitzen und vielleicht auf das Bild schauen und die Tārā in ihrem Geiste zu sehen versuchen, wiederholen sie das Tārā-Mantra für eine halbe Stunde oder wie lange auch immer sie dafür aufwenden können. Sie schließen mit einer Verbeugung und der Widmung ihrer Verdienste. Auf diese Art betreibt der gewöhnliche Mensch seine Übung. Wer aber sehr ensthaft ist und auch zwei bis drei Stunden am Morgen zur Verfügung hat, bevor er zur Arbeit muß, kann die vollständige Prozedur durchlaufen.

Sicherlich benötigt man für diese Übungen einige Zeit, um sie durchzuführen. Ich erinnere mich, wie ich einst im Zusammenhang mit einer anderen Übung, die nichts mit der Tārā zu tun hatte, zwei schriftliche Versionen der Übung bekam. Mein Lehrer sagte mir: „Hier ist die kurze Version für den täglichen Gebrauch, und hier eine längere Version, wenn du zwei bis drei Tage Zeit dafür hast." (Er übergab mir zwanzig Seiten Anweisungen.) Die Tārā-Übung ist bei den Tibetern sehr verbreitet, sowohl bei den Mönchen wie auch bei den Laien. Wenn sie älter werden, haben sie immer weniger weltliche Verpflichtungen, widmen ihr zunehmend Zeit, bis sie vielleicht im Endeffekt den größten Teil des Tages so zubringen, nicht allein mit dieser speziellen Übung, sondern mit einer Folge von unterschiedlichen Übungen. Als ich meine tibetischen Freunde in Kalimpong aufzusuchen pflegte, erschien ich oft am Morgen und bekam von den Hausdienern gesagt: „Bitte warten Sie einige Minuten, er hat seine Meditation noch nicht beendet." Einige Zeit später erfuhr ich, daß man gewöhnlich um sechs Uhr am Morgen begann und gegen neun Uhr fertig wurde. Ob es sich um Regierungsbeamte, vielbeschäftigte Mönche im Dienste des Klosters oder gewöhnliche Leute handelte, sie nutzten häufig zwei oder drei Stunden zur Meditation und zur Hingabe-Übung, bevor sie ihr Tagwerk anfingen.

Oft sieht man Leute tagsüber ihre Mantren rezitieren, besonders auch während des Abendspaziergangs. Eine meiner schönsten Erinnerungen an Kalimpong ist ein Abendspaziergang zum Markt, auf dem ich ältere Tibeter und Tibeterinnen beobachtete, die beim Gehen auf der Straße eine Gebetsmühle in der einen und eine Gebetsschnur in der anderen Hand hielten und dabei Mantren murmelten. Westliche Beschreiber Tibets sprechen von Ritualen, die mechanisch durchgeführt werden, aber an dieser Art von Übung war nichts Mechanisches. Man könnte sagen, daß die Leute sich derart konzentrierten, daß sie völlig von ihrem Tun absorbiert waren. Auf diese Weise können selbst die vergleichsweise schwierigen Übungen der tantrischen buddhistischen Meditation integraler Bestandteil des täglichen Lebens eines durchschnittlichen Tibeters werden.

8

Die Zukunft des tibetischen Buddhismus

In den vorangehenden Kapiteln haben wir ein reiches, von Dramatik geprägtes Feld durchmessen und dabei viele Gebiete abgedeckt. Wir haben die ferne Vergangenheit ebenso betrachtet wie die jüngeren Zeiten. Sicherlich fühlt jeder die Inspiration, die von den großen Traditionen und spirituellen Disziplinen des tibetischen Buddhismus und der Organisation des Landes, die sich an der Religion orientiert, ausgeht. Andere Länder stellen ihr nationales Leben auf Wirtschaft oder Politik ab, auf Eroberungen oder Künste, aber in Tibet dreht sich das ganze Leben – politisch, ökonomisch, sozial und künstlerisch – um die Religion, um den Dharma. Deshalb können insbesondere Buddhisten aus der Vergangenheit des tibetischen Buddhismus lernen, sie bewundern und sich über sie wundern. Aber worin besteht die Zukunft?

Wenn wir uns diese Frage stellen, müssen wir auch den unangenehmen Fakten ins Gesicht blicken. Soweit absehbar, hat der tibetische Buddhismus keine Zukunft. Die Tage dieser großen, reichen Tradition innerhalb des Buddhismus, die in Tibet über Hunderte von Jahren hinweg existiert hat, sind gezählt. In Tibet gibt es viele alte Prophezeiungen über die Zukunft des tibetischen Buddhismus. Eine dieser Prophezeiungen, die oft von Tibetern genannt wird, besteht darin, daß der vierzehnte Dalai Lama der letzte dieser Linie sein wird. Tibeter, die sich in der Geschichte und den Traditionen ihres Landes gut auskannten, waren daher nicht sonderlich überrascht, als 1959 der Dalai Lama Tibet verließ und sich nach Indien zurückzog. Obwohl sie es als unglücklich und tragisch empfanden, wußten sie dennoch, daß der vierzehnte Dalai Lama gemäß den Prophezeiungen der letzte sein sollte. Die Verhältnisse in Tibet konnten nach dem Fortgang des Dalai Lama nicht dieselben bleiben. Dies ist nicht möglich. Wenn die Bienenkönigin den Stock verlassen hat, kann das Leben dort nicht mehr weitergehen. Der Dalai Lama bildet das Zentrum des Systems. Er summiert und verkörpert in sich den gesamten tibetischen Buddhismus. Sobald er weggeht – diese Prophezeiung scheint sich erfüllt zu haben –, wird der gesamte Lebensstil, für den er stand, untergehen.

Seit 1950 ist Tibet wieder ein Teil Chinas, ein Jahr, an das ich mich besonders lebhaft erinnere. Ich war im März in Kalimpong angekommen, und den ganzen Sommer lang kursierten Gerüchte über Kampfhandlungen aus dem tibetisch-chinesischen Grenzgebiet. Wir hörten, chinesische Truppeneinheiten rückten vor, bauten Straßen und brächten Verstärkungen. Als erstes rückten sie ins osttibetische Kham ein. Wir hörten, daß Klöster eingenommen worden und Mönche umgekommen seien. Von Woche zu Woche, Monat zu Monat beobachteten wir fast atemlos, wie die Angreifer der heiligen Stadt Lhasa immer näher rückten. Als die Chinesen schließlich Lhasa erreicht hatten, fühlten viele Menschen, daß nunmehr das Ende einer Epoche eingetreten sei.

Seitdem blieben die Chinesen in Tibet – Zeit genug, daß mittlerweile ein paar Generationen dort aufgewachsen sind –, und viele Veränderungen fanden statt. Im materiellen Sinne kam es zu einigen Verbesserungen: Straßen wurden asphaltiert, Krankenhäuser erbaut, Schulen eröffnet. Es gab auch große psychologische Änderungen in der Lebensauffassung der Tibeter, besonders der jungen. Dies hat zum einen zweifellos die maoistische Indoktrination bewirkt, zum anderen aber auch der Lauf der Zeit überhaupt. Die industrielle Revolution – die Asien größtenteils erfaßt hat – kam nun auch nach Tibet. In entlegenen Gebieten kannte man seit Menschengedenken nicht einmal das Rad. Man kann auch sehr gut ohne das Rad leben, aber technisch gesehen befanden sich große Teile Tibets vor noch nicht langer Zeit praktisch noch in der Steinzeit. Jetzt haben sie das Rad in seiner höchsten Vollendung – sie haben Autos und Flugzeuge. Man kann sagen, Tibet ist eine der letzten größeren traditionellen Zivilisationen, die sich dem Ansturm der Industrialisierung ergeben haben.

Dies resultierte in einem gewaltigen Kulturschock, dessen Umfang und Auswirkung für uns schwer nachzuvollziehen sind. Man stelle sich vor, in England zur Zeit der normannischen Eroberung in einem Dorf mit Priester, Bauernhof usw. zu leben. Dann denke man, durch ein Wunder aus der Mitte des elften Jahrhunderts in die Mitte des zwanzigsten Jahrhunderts versetzt zu werden. Man kann sich nun den Schock vorstellen, den man erleiden würde, wenn man plötzlich alles derart verändert – industrialisiert und mechanisiert – vorfinden würde. In gewisser Weise passierte den Tibetern genau dies. Sie wurden aus einer sehr einfachen, wenn auch spirituell tiefgründigen Zivilisation herausgerissen und in die Mitte des zwanzigsten Jahrhunderts katapultiert, wo sie allen technischen und materialistischen Einflüssen schlagartig ausgesetzt waren. In vielerlei Hinsicht ist es sehr schade, daß die traditionelle Kultur Tibets ihr Ende fand, aber man kann sicher sein, daß dies auf jeden Fall einmal geschehen wäre, auch wenn die Chinesen nicht gekommen wären. Vielleicht wäre der Prozeß weniger dramatisch verlaufen, aber eingetreten wäre er in jedem Falle.

In Kalimpong traf ich häufig junge Flüchtlinge, die frisch aus Tibet gekommen waren. Die Neuankömmlinge waren stets leicht auszumachen, da sie überall herumguckten und Sachen bemerkenswert fanden, die den anderen geläufig waren. Als ich zum ersten Mal eine Gruppe meiner tibetischen Studenten nach Darjeeling führte, kann ich mich erinnern, wie fasziniert sie vom Bahnhof und von der Lokomotive waren. Es handelte sich bei dieser Gruppe um Männer um die Vierzig, aber als Neuankömmlinge hatten sie noch nie zuvor eine Lokomotive gesehen. Für sie war dies ein eiserner Drachen, ein großes Monster, das am Bahnsteig stand. In Wirklichkeit handelte es sich um eine kleine Zugmaschine – die Eisenbahn, die auf die Vorberge des Himalaya führt, nennt man „Himalaya Spielzeug-Eisenbahn" –, dennoch waren sie sehr beeindruckt. Als sie sie aufgeregt beäugten, darunter schauten, die Räder befingerten und miteinander gestikulierten, ertönte plötzlich ein lautes Tuten, bei dem sie ängstlich zurücksprangen, als wenn sie gebissen werden sollten.

Als die Flüchtlinge Kalimpong erreichten – einige waren erst achtzehn oder zwanzig Jahre alt – schauten die meisten von ihnen typisch tibetisch aus. Sie trugen ihr Haar lang, wie die tibetischen Männer es gewohnt sind, und zu einem Kranz um den Kopf geflochten. Oft besaßen sie einen Ohrring, üblicherweise aus Türkis, und trugen eine „Chuba" und hohe Stiefel. Und natürlich hatte jeder eine Mālā (Perlenkranz) in der Hand. Kalimpong ist nur ein kleines ruhiges Städtchen mit 15 000 Einwohnern und nach westlichen Maßstäben gemessen ziemlich rückständig. Elektrischer Strom und fließendes Wasser sind noch nicht für alle verfügbar. Man sollte meinen, es gab noch nicht viel, um die jungen Tibeter zu korrumpieren. Aber wenn man eben diese Tibeter sechs Monate später betrachtete, hatten sie sich vollständig verändert. Sie ließen sich ihr langes Haar abschneiden – meist die erste Tat –, und sie trugen nunmehr billige Anzüge. Sie legten ihre Gebetskränze beiseite und trugen statt dessen ein Transistor-Radio herum – sie hörten sich Pop-Musik an und bemühten sich, Disco-Tänze zu erlernen. Dabei handelte es sich um junge Männer, die sechs Monate zuvor noch im Mittelalter gelebt hatten. Die Frauen, auch die jungen Frauen, waren eher konservativ. Manche gaben ihre Mālās und Gebetsmühlen auf, aber sie schnitten kaum je ihre Haare oder änderten ihre Art, sich zu kleiden.

Man kann den chinesischen Kommunismus nicht für alle Veränderungen in Tibet oder bei den im Exil lebenden Tibetern verantwortlich machen. Es ist der Lauf der Zeit. Es ist vielleicht kein Fortschritt – ich bin mir sicher, daß vieles keinen Fortschritt darstellt –, aber derartige Veränderungen sind unvermeidlich. Selbst wenn keine Chinesen gekommen wären, wäre Tibet schließlich in den Sog eines derartigen Prozesses gelangt. Also selbst wenn Tibet die Unabhängigkeit erlangte, wie viele es erhoffen, und der Dalai Lama zurückkehren würde und im Potala den Regierungssitz übernähme, wäre es dennoch unmöglich, die Uhr wieder zurückzudrehen. Tibet wird nie mehr in dem Zustand sein, in dem es sich so viele Jahrhunderte befand. In diesem Sinne können wir sagen, daß der tibetische Buddhismus keine Zukunft mehr hat.

Dies ist zweifellos ein großer Verlust, aber vielleicht sollten wir nicht zu empört sein. Alle Buddhisten kennen das Gesetz der Unbeständigkeit – *anityatā* –, das alle menschlichen Belange und Bereiche beherrscht und kontrolliert. Die institutionellen Formen des Buddhismus bilden hierbei keine Ausnahme. Der Buddhismus kam in Indien auf, wo der Buddha lebte und lehrte, und der indische Buddhismus dauerte 1500 Jahre lang an, verschwand dann aber schließlich. Heutzutage finden wir, abgesehen von modernen Wiederbelebungsversuchen, nur wenige Spuren des Buddhismus in Indien. Deshalb sollten wir uns nicht wundern, wenn der Buddhismus nach einer ähnlichen Zeitdauer aus Tibet verschwinden sollte.

Dies bedeutet nicht, daß vom tibetischen Buddhismus keine Spur übrigbleiben wird. Im Sinne eines Lebensweges für eine ganze Nation hat er seine Rolle ausgespielt. Ich kann mir nicht denken, daß er wieder aufleben wird. Aber der tibetische Buddhismus wird unter den tibetischen Flüchtlingen weiterleben, sei es in Indien oder sonstwo. Und er wird als integraler Bestandteil des Buddhismus im Westen weiterleben.

Die meisten tibetischen Flüchtlinge – ungefähr 100 000 insgesamt – findet man in Indien, hauptsächlich in bergigen Gegenden. Verständlicherweise fühlen sich die Tibeter, die ja aus einem sehr hoch gelegenen Lande stammen, in den heißen Ebenen Indiens nicht wohl. Soweit möglich, halten sie sich an Berge und siedeln in Orten wie Darjeeling und Kalimpong oder auch in Sikkim und verschiedenen Teilen des Punjab und in Himachal Pradesh. Es gibt nun auch einige Tibeter in Europa, besonders in der Schweiz, wo sie die größte tibetische Flüchtlingsgemeinde außerhalb Indiens bilden.

Für Flüchtlinge stellt sich überall erst einmal die Frage des nackten Überlebens. Für viele der tibetischen Flüchtlinge stellte es sich als schwierig heraus, überhaupt einen Lebensunterhalt zu finden. Aber mit zunehmendem Wohlstand können sie sich stufenweise darum kümmern, ihre Kultur und ihre Form des Buddhismus zu erhalten. An verschiedenen Orten wurden tibetische Tempel und Klöster erbaut – beispielsweise hat man die zwei tantrischen Schulen in Dalhousie wiedereröffnet – und Tempel und Klöster hat man anderswo in den Vorbergen des Himalaya erbaut. Die Flüchtlinge eröffneten Kunsthandwerkszentren, wo Malereien, Teppiche, Schmiedearbeiten, Holzschnitzereien usw. nach traditionellem Vorbild produziert werden – aber stets mit einigen Änderungen in Farbe und Formgebung. Somit wird der tibetische Buddhismus in irgendeiner Form auch im Exil überleben.

Auf lange Sicht wird seine Stellung in Indien möglicherweise der des Zoroastrismus unter den Parsen Bombays entsprechen. Die Parsen sind eine florierende indische Gemeinschaft, deren Vorfahren vor 1000 Jahren zur Zeit der moslemischen Invasion aus Persien (heute Iran) geflohen waren. Sie hatten die Wahl, sich zum Islam zu bekehren oder unterzugehen. Einige Zoroastrier, also Anhänger des persischen Religionsstifters Zarathustra, entschlossen sich damals zur Flucht. Sie kamen über das Meer in die Gegend, in der sich heute Bombay befindet. Sie wurden von den Indern freundlich aufgenommen, wie diese es gewöhnlich mit Flüchtlingen tun. Sie erhielten Land, wurden seßhaft, befaßten sich mit Handel und bilden heute die reichsten Gemeinwesen ganz Indiens. Es gibt rund 70 000 Parsen. Ihre Gemeinde ist unternehmungslustig, hoch gebildet und sehr wohltätig eingestellt – sie haben viele Schulen und Krankenhäuser in Bombay gestiftet. An erster Stelle bewahren sie ihren alten zoroastrischen Glauben, der aus seinem Heimatland offensichtlich verschwunden ist.

Etwas in dieser Art dürfte wohl mit dem Buddhismus in Indien geschehen. Zweifellos wird er sich bei den Tibetern im Exil erhalten, besonders da die Flüchtlingsgemeinde vielerlei Mönche aller Grade in ihren Reihen hat. Aber in Tibet selbst wird der tibetische Buddhismus höchstwahrscheinlich nach einigen Generationen unter kommunistischer Herrschaft vollständig verschwunden sein. Vielleicht gefällt uns der Gedanke nicht, eine Religion könne zum Erlöschen gebracht werden, aber so etwas geschieht. Der Manichäismus, die Lehren des Religionsstifters Mani – eine Art von universeller Vereinigungsreligion –, blühte einst in weiten Teilen Europas und Asiens, von Frankreich bis China. Heute gibt es ihn nicht mehr. Es war ein sehr friedlicher Glaube – geprägt von Gewaltlosigkeit, Liebe und Mitleid –, er wurde aber ausgelöscht von den persischen Großkönigen, den europäischen Herrschern und den chinesischen Kaisern. Deshalb sollten wir nicht glauben, der tibetische Buddhismus sei zu groß und zu ruhmreich, um aus Tibet ausgetrieben zu werden.

In Wirklichkeit scheint der Niedergang des tibetischen Buddhismus Teil eines allgemeinen Trends im Osten zu sein. Es scheint so, als ob der Buddhismus überall in Asien kapitulieren müsse. China ist, trotz aller Bemühungen und Anstrengungen, für den Buddhismus verloren. Der Kommunismus hat den Buddhismus in der Mongolei und verschiedenen südostasiatischen Staaten praktisch zerstört. Der thailändische Buddhismus ist durch den Vormarsch der westlichen Zivilisation gefährdet. Japan ist nicht durch äußere, sondern innere Einflüsse bedroht, es herrscht dort übermäßig starke Industrialisierung. Dort ist der Buddhismus zwar immer noch präsent, aber nicht so wie in der Vergangenheit. In anderen östlichen Ländern ersetzte der Islam den Buddhismus schon vor Jahrhunderten. Nur weil der Osten 2000 Jahre lang buddhistisch war, bedeutet dies nicht, daß es immer so bleiben muß. Soweit wir es überblicken können, ist der Buddhismus in allen buddhistischen Ländern des Ostens auf dem Rückzug, sofern er nicht bereits besiegt ist. Es mag vielleicht phantastisch anmuten, aber es mag der Tag kommen, an dem der Buddhismus im Osten sehr selten geworden und im Westen dafür stärker vertreten sein wird. Es gab in der Weltgeschichte schon größere Umwälzungen als diese.

Jedoch nicht nur aus diesen Gründen ist es für uns im Westen von Wichtigkeit, den tibetischen Buddhismus zu studieren, zu praktizieren und wenn möglich zu erhalten. Ebenso ist es wichtig, ihn zu erhalten, damit er integraler Bestandteil des westlichen Buddhismus – ja sogar des Welt-Buddhismus werden kann. In die westliche Welt wurden viele Ausprägungen des Buddhismus eingeführt und breiten sich dort aus. Bereits jetzt ist abzusehen, daß der Buddhismus im Westen nicht ausschließlich einer einzigen östlichen Schulrichtung folgen wird. Manche Buddhisten aus dem Osten erhoffen sich, daß ihre besondere buddhistische Richtung im Westen Wurzeln schlagen möge, daß alle westlichen Buddhisten etwa zu strengen Theravādins oder standhaften Anhängern des Sōtō-Zen werden würden. Soweit es absehbar ist, wird sich dies nicht ereignen. Bestimmt passiert es derzeit nicht. Der westliche Buddhismus befindet sich in einem Lernprozeß, der noch andauert. Dabei schöpft er aus allen bisher bekannten buddhistischen Traditionen des Orients. Die Menschen im Westen versuchen aus der Menge der verschiedenen Traditionen das Wesentliche der Lehre, Buddhas unverfälschte Botschaft, zu gewinnen. Dieses authentische und daher grundlegende und vitale Element der Lehre wird an die psychologischen und spirituellen Bedürfnisse der Menschen im Westen angepaßt werden.

Die Menschen im Westen, die sich für Religion und Philosophie interessieren, sind starrer Systeme überdrüssig, sind es leid, an Überflüssigem festzuhalten, das mit dem Wesentlichen der Lehren wenig gemein hat. Westliche Menschen, die sich spirituellen Lehren widmen, die im Osten entstanden, sind zu sehr mit letzten Fragen, mit realen Problemen des Menschseins beschäftigt, um ihre Zeit mit Nebensächlichkeiten und Äußerlichkeiten zu verschwenden, die durch die verschiedenen buddhistischen Traditionen weitergereicht worden sind. Vieles, was für den Buddhismus im Osten von Belang ist, hat keinerlei Beziehung mit der Lehre selbst. In Myanmar (früher Burma) gab es beispielsweise einen erbitterten Streit um die Frage, ob Mönche außerhalb ihres Klosters die rechte Schulter bedeckt und die linke unbedeckt oder beide Schultern bedeckt haben sollen. Dieser Streit beherrschte die burmesische Mönchsgemeinde für ein Jahrhundert und ist bis heute noch nicht entschieden. Buddhisten des

Ostens sind oft mit solchen trivialen Problemen beschäftigt, aber im Westen ist für derartige Fragen kein Raum.

Wir brauchen statt dessen die Begegnung und Auseinandersetzung mit dem Kern von Buddhas Lehren, der im wesentlichen nichts anderes als den Weg zur Erleuchtung, besonders durch stets zunehmende Achtsamkeit, enthält. Genau davon hat Buddha wirklich gesprochen, und dies ist es, was die verschiedenen Traditionen auf unterschiedliche Weisen widerspiegeln und verkünden. Diesem essentiellen Thema soll unsere Aufmerksamkeit gehören, wir sollen versuchen, es in unser eigenes Leben und das Leben der uns Umgebenden einzubauen. Damit soll nicht gesagt werden, daß eine derartige Adaption der Lehre im Schließen von Kompromissen oder gar im Verwässern der Lehre bestünde. Im Gegenteil geht es darum, wie die fundamentalen Prinzipien des Dharma Gegenstand einer effektiven Kommunikation werden können.

Der tibetische Buddhismus ist nur eine der vielen Formen des Buddhismus, auf die wir im Westen laufend stoßen. Unsere erste Frage lautet: Was kann er uns lehren? Wie wir gesehen haben, können wir über den allgemeinen Buddhismus etwas aus seiner tibetischen Ausprägung erfahren, indem wir verstehen lernen, wie sich die buddhistischen Lehren im tibetischen Buddhismus widerspiegeln. So kann eine bestimmte Tradition den Schlüssel zum Verständnis der gesamten Lehre bieten. Wir können aber auch Dinge lernen, die wir vielleicht von anderen Formen des Buddhismus nicht lernen können, da der tibetische Buddhismus in mancher Hinsicht einzigartig ist.

Erstens repräsentiert er den indischen Buddhismus auf der Höhe seiner Entwicklung. Wie im 2. Kapitel gesagt, war der indische Buddhismus nach 1500 Jahren sehr reich und vielseitig ausgebildet und umfaßte alle drei *yānas*. Dieser Buddhismus kam von Indien nach Tibet und wurde dort bewahrt. Damit ist der tibetische Buddhismus dem indischen Buddhismus, wie er einst praktiziert worden ist, am nächsten. Es ist sehr gut, von alten Traditionen in Büchern zu lesen, es ist aber viel besser, durch lebende Traditionen mit ihnen in Berührung zu sein, wenn auch auf indirekte Weise. Der tibetische Buddhismus stellt eine lebende Tradition dar, obgleich in verkleinertem Maße, und er bildet unseren besten Zugang zum indischen Buddhismus, wie er auf seinem Höhepunkt war.

In diesem Zusammenhang bietet Edward Conze eine ziemlich interessante Theorie an. Er behauptet nämlich, je näher man dem geographischen Zentrum einer Religion sei, desto näher sei man dem Geiste dieser Religion. Tibet ist, so argumentiert Conze, geographisch näher am ursprünglichen Zentrum des Buddhismus als jedes andere buddhistische Land. Daher sei der tibetische Buddhismus dem Geist des indischen Buddhismus am nächsten. Jedenfalls ist es sicherlich wahr, daß der Geist des tibetischen Buddhismus dem des indischen Buddhismus während seiner letzten Entwicklungsstufen in Nordost-Indien bemerkenswert verwandt erscheint.

Wir können vom tibetischen Buddhismus auch etwas über alle drei *yānas* erfahren, nicht als getrennte Wege, die nebeneinander herlaufen, sondern als Aspekte ein und desselben Weges. Der Gedanke, Hīnayāna, Mahāyāna und Vajrayāna seien nicht eben nur unterschiedliche buddhistische Lehrformen, sondern vielmehr aufeinanderfolgende Stadien auf dem Wege zur Erleuchtung, ist ein herausragendes Merkmal des tibetischen Buddhismus. Dieser Gedanke wird zuerst erwähnt im *Hevajra Tantra*. Er wurde dann von Atīśa detaillierter ausgearbeitet in seinem Werk *Bodhipatha Pradīpa* oder „Lampe auf dem Wege zur Erleuchtung". Diese Doktrin bildet auch die Basis von Tsongkhapas *Lamrim Chenmo* oder „Große Stufen des Weges". Alle tibetischen buddhistischen Schulen lehren, daß man zur Erleuchtung fortschreitet durch ein System von Übungen, in dem man die historische Abfolge der drei *yānas* am eigenen Leibe nachvollzieht. Diese Synthese des Triyāna findet man ansonsten nirgendwo in der buddhistischen Welt. In Südostasien finden wir nur den Theravāda-Buddhismus, eine Form von Hīnayāna. In China und Japan finden wir sowohl Hīnayāna wie Mahāyāna (und hier und da exoterischen Tantrismus; esoterischer Tantrismus ist nur in Tibet zu finden), aber gewöhnlich sind diese Richtungen in sich gegenseitig ausschließende, rivalisierende Schulen gespalten. Der japanische Buddhismus ist noch sektiererischer als jede andere buddhistische Tradition. Lediglich in Tibet finden wir die drei *yānas* nicht in Gestalt separater Sekten, sondern als Stufen auf dem einen Weg, der zur Erleuchtung führt.

Der tibetische Buddhismus ist also vielleicht die intellektuellste Form des Buddhismus, die wir heute kennen. Obwohl Tibeter in manchen Gegenden bis vor kurzem noch nicht einmal das Rad kannten, bedeutet dies nicht, sie seien primitiv oder unkultiviert, und sicher auch nicht, sie seien dumm. Intelligenz und Verständnis, im wahren Sinne, sind nicht notwendigerweise an technologische und materielle Verfeinerungen gekoppelt. Tibet war der einzige Teil der buddhistischen Welt, der die höchst intellektuelle Tradition der indischen buddhistischen Logik am Leben erhalten hat.

Darüber hinaus wurde die Exegese der *Prajñāpāramitā*, die Tradition der „Vollendung der Weisheit", in Tibet fortgesetzt und sogar ausgearbeitet. Die „Sūtren der Vollendung der Weisheit" gehören zu den größten und erhabensten auf dem ganzen Gebiet kanonischer buddhistischer Literatur. Sie wurden in Indien geschrieben und kamen zu allen anderen buddhistischen Ländern des Fernen Ostens, besonders nach China und Japan. Aber nur in Tibet wurden sie nachhaltig studiert, und nur hier entwickelten sich Lehr- und Auslegungstradition der *Prajñāpāramitā*.

In diesem Zusammenhang erinnere ich mich an Edward Conze, der in den USA einen Lama der Sakyapa-Schule traf, die für ihre Gelehrsamkeit bekannt ist. Edward Conze hatte sich dreißig Jahre lang mit dem Studium und der Übersetzung der „Sūtren der Vollendung der Weisheit" befaßt, und er war dabei mehr oder weniger auf sich gestellt. Dies war kein einfaches Unterfangen – es verlangte gewaltiges Verständnis, hohen Kenntnisreichtum und viel Gelehrsamkeit. Dennoch gab es einige knifflige Stellen, die selbst Conze nicht allein erhellen konnte.

Eines Tages besuchte er diesen Lama und legte ihm einige dieser Stellen vor. Daraufhin begann der Lama zu erklären, und nach einigen Stunden war Conze überwältigt. „Ich fühlte", sagte er mir, „daß ich in Wirklichkeit nichts von der Vollendung der Weisheit wußte. Mir wurde bewußt, daß es gewaltige Wissensschätze zu diesen Fragen gab, deren Existenz ich nicht einmal ahnte." Dazu sei gesagt, Conze war nicht gerade für seine Komplimente berühmt, eher im Gegenteil. Dies aber war seine Antwort auf den Sakya-Lama, die die gewaltige intellektuelle Tradition der Exegese der *Prajñāpāramitā* in Tibet bezeugt.

Gleichzeitig hat tibetischer Buddhismus viel mit Hingabe zu tun. Alle tibetischen Buddhisten, auch die gelehrten Geshes, sind in der Logik und der „Vollendung der Weisheit" beschlagen und empfinden starke Gefühle der Hingabe an die Drei Juwelen. Sie haben ihren Intellekt ausgebildet, vielleicht soweit wie menschenmöglich – aber nicht einseitig. Ihre Hingabe an die Religion kommt auf alle möglichen Arten zum Vorschein. Man bemerkt dies in der Art und Weise, in der Tibeter Bilder von Buddhas und Bodhisattvas behandeln. Sie tun es voller Achtung, oft berühren sie sie als Geste des Respektes mit der Stirn. Ähnlich verhält es sich mit den Heiligen Schriften. Für Tibeter ist es undenkbar, ein Buch auf den Boden zu werfen. Dies sehen sie als schändlich an, besonders wenn es sich dabei um Heilige Schriften handelt – die meisten ihrer Bücher sind Heilige Schriften. Im tibetischen Buddhismus, ob unter gewöhnlichen Buddhisten oder gelehrten Mönchen und Äbten, sind die intellektuellen und die emotionalen Aspekte des religiösen Lebens gar nicht voneinander getrennt. Ihre angestrengte Intellektualität geht mit profunder Hingabe und tiefer Gläubigkeit einher. Auch das ist etwas, das wir vom tibetischen Buddhismus lernen können.

Eine ähnliche Ausgewogenheit finden wir im tibetischen Buddhismus zwischen Studien und Meditation. Zu den gelehrtesten Männern in der buddhistischen Welt gehören oder gehörten die Geshes und Lamas Tibets, deren Wissen häufig die Ausmaße eines Lexikons hat. Ich erinnere mich, wie ich einmal Jamyang Khyentse Rinpoche besuchte, von dem ich gewisse Initiationen erhielt. Er interessierte sich sehr für verschiedene Aspekte der indischen Literatur. Im Laufe der Unterhaltung fragte er mich unvermutet durch einen Dolmetscher: „Wissen Sie etwas über das Tanzen?" Ich antwortete: „Eigentlich nicht", und wunderte mich, wie er auf dieses Thema kam. Er erklärte es sogleich: „Ich habe vierzehn Bücher über klassischen indischen Tanz gelesen, und es gibt da ein paar Punkte, die ich klären möchte." Er kam aus einer entfernten Ecke Ost-Tibets, studierte hier Texte über indischen Tanz in tibetischer Übersetzung – sie befanden sich im Tanjur – und wollte offene Fragen klären. Ich erfuhr dann, daß diese Texte die Basis für die berühmten „Lama-Tänze" bildeten, an denen er sehr interessiert war. Ich glaube, später hat er sich einige Abhandlungen zu diesem Thema besorgt. Er war außergewöhnlich, selbst für einen tibetischen Lama, aber typisch für alle ist die Vielseitigkeit ihrer Interessen.

Gleichzeitig gab es unter diesen Mönchen und Lamas die größten Yogis und Meditationskünstler der buddhistischen Welt. Das bedeutendste Beispiel ist wohl Milarepa, Tibets größter Yogi und Poet. Es gibt viele Beispiele für diesen Typ von Mensch im tibetischen Buddhismus – große Gelehrte mit wunderbarem inellektuellem Wissen, die gleichzeitig profund die Meditation beherrschen und in Theorie und Praxis des spirituellen Lebens beschlagen sind. Jamyang Khyentse war solch ein Mensch. Er war keineswegs ein trockener „Bücherwurm". Wenn er nicht gerade studierte, meditierte er. Für beides war er berühmt. Es ist etwa so, als wäre jemand wie Marie Curie gleichzeitig Hildegard von Bingen. Für unseren westlichen Verstand ist diese Art von Kombination ungewöhnlich, sie bricht alle Regeln. Im tibetischen Buddhismus finden wir öfters in einer Person den Genius des Gelehrten mit der Einfachheit und spirituellen Erfahrung der Mystik verbunden.

Dieser ausgewogene Weg ist etwas weiteres, das wir vom tibetischen Buddhismus lernen können, nicht nur in bezug auf Intellekt und Glauben oder Studium und Meditation, sondern auch auf weniger wichtigen Gebieten. Im tibetischen Buddhismus finden wir Organisation und Freiheit gepaart, zwei Dinge, die für uns im Westen gegensätzlich erscheinen. Tibet besaß die größten Klöster der Welt, und gleichzeitig gab es dort die einsamsten, isoliertesten Einsiedeleien. Es gab Klöster mit Tausenden von Mönchen, man konnte aber auch Hunderte von Meilen in die Wildnis hinaus wandern, um eine Höhle, eine Hütte oder einen kleinen Tempel zu finden, wo nur ein einzelner Eremit wohnte.

Es gab auch noch eine weitere Synthese: einerseits hoch organisiertes Mönchstum und andererseits von Laien betriebene ernsthafte spirituelle Übungen. In gewisser Weise war der tibetische Buddhismus, weltweit betrachtet, am stärksten monastisch ausgerichtet. Mönche gab es allerorten. Stellen Sie sich vor, Sie gehen die Oxford Street in London hinunter und treffen nichts als lauter Mönche. So sah es in den alten Tagen in Lhasa aus. Wo auch immer man hinging, waren Mönche. Man könnte denken, dort waren die Leute ziemlich von Mönchen besessen. Aber obwohl Mönche in Tibet einen größeren Anteil an der Gesamtbevölkerung als in jedem anderen Land der Erde ausmachten, nahmen damals die Laien voll am spirituellen Leben teil. Niemand dachte, daß man Mönch zu sein habe, um dem Dharma zu folgen. Bei den Nyingmapa bestimmten praktisch die Laien, zu denen auch Laien-Lamas gehörten, das Geschehen. In theravādischen Ländern herrscht die Meinung vor, man könne kein richtiger Buddhist sein, ohne Mönch zu werden. In Tibet dachte man nie so, obwohl es dort so viele Mönche gab.

Um noch mehr zu verallgemeinern, könnte man sagen, tibetische Buddhisten schweben mit den Köpfen in den Wolken und stehen mit beiden Beinen fest auf der Erde. Sie versuchen dem großartigsten und verfeinertsten spirituellen Ideal zu folgen – dem des Bodhisattva, der sich nicht um seine eigene individuelle Erlösung kümmert, sondern sich dem spirituellen Wohlergehen aller Wesen widmet. Dies ist ihr Ideal, das jedermann wertschätzt und dem alle in gewissem Umfang zu folgen versuchen. Gleichzeitig sind die Tibeter in allen Lebensbereichen außerordentlich praktisch veranlagt, ob es um das Essen geht, um Kleidung oder das Geldverdienen durch Handel und Geschäfte. Wir können so weit gehen und sagen, daß nichts Mystisches, nichts Okkultes die Tibeter umgibt, jedenfalls im landläufigen, unscharfen Sinne dieser Begriffe. Oft galten die Tibeter im Westen als wundervolle mystische Gestalten, die hinter den Bergen des Himalaya in einer geheimnisvollen Aura leben, wo sich allerlei Seltsamkeiten ringsum ereignen. Die Vorstellung, daß Tibeter essen und trinken oder Geld verdienen, galt einst einigen okkulten Zirkeln im Westen als nahezu blasphemisch. Sie sprachen von den „Meistern jenseits des Himalaya", als wäre man dort ständig in Meditation versunken und dächte niemals an etwas anderes. Aber die Tibeter sind überhaupt nicht so. Mystisch sind sie in wahrhaftem Sinne. Sie tragen ihre Köpfe spirituell betrachtet in den Wolken, stehen aber mit den Beinen fest auf dem Boden. Vielleicht könnten wir es ihnen gleichtun.

Vom tibetischen Buddhismus können wir noch viele weitere Dinge lernen. So zum Beispiel Tiefe und Aufrichtigkeit. Tibetische Buddhisten sind im wahrsten Sinne des oft mißverstandenen Ausdrucks bemerkenswert aufrichtig. Sie glauben voll und ganz an ihre Religion. Wir können uns auch darum bemühen, es ihnen an Gründlichkeit gleichzutun. Es ist außerordentlich schwierig, Tibeter dazu zu bringen, sich festzulegen. Wenn man sie bittet, etwas zu tun oder in irgendeiner Weise zu helfen, stimmen sie sehr langsam und widerstrebend zu. Sie gehen jeden Punkt einzeln mit einem durch, um sicher zu gehen, ganz genau verstanden zu haben, was man sie zu tun gebeten hat. Erst danach werden sie sich festlegen und „Ja" sagen; aber wenn dies einmal geschehen ist, weiß man, daß man sich auf sie verlassen kann. Sie sind sehr gründlich und verläßlich. Wir können auch ihrem Eifer nachstreben. Ich hörte oft Tibeter sagen, es gäbe kein religiöses Leben ohne Schwierigkeiten. Sie tendieren zu der Meinung, eine einfache religiöse Übung könne nicht wahrhaft religiös sein. Sie glauben, es gibt keine leichten Wege, die um die Hindernisse herumführen, keine Abkürzungen. Sie sind darauf vorbereitet, Härten und Leiden für ihr spirituelles Leben zu erdulden. Wir haben im 1. Kapitel erfahren, wie König Yeshe Ö aus West-Tibet sein Leben dafür gab, daß die Lehren des Buddha im westlichen Tibet wiederbelebt werden möchten.

Daraus dürfen wir schließen, daß der tibetische Buddhismus ein hochentwickeltes, voll artikuliertes, ausgewogenes und harmonisches System innerhalb des Buddhismus darstellt. Es gibt nichts Einseitiges in ihm. Darüber hinaus handelt es sich um die reichste Form des Buddhismus in dem Sinne, daß er in seiner Harmonie und Synthese die größte Anzahl verschiedener Elemente einschließt. Im Westen haben wir nur eine Religionsform, die wir in Hinsicht auf diesen Reichtum – ich denke nur an diesen Reichtum bei diesem Vergleich – mit dem tibetischen Buddhismus vergleichen können – es ist dies die römisch-katholische Kirche. Aber ansonsten gibt es natürlich viele gewichtige Unterschiede zwischen diesen Religionen. Der tibetische Buddhismus gilt als besonders duldsam. Duldsamkeit ist ein Charakterzug aller buddhistischen Richtungen, aber man könnte meinen, die Versuchung zur Intoleranz sei im tibetischen Buddhismus in dem Maße größer, wie seine inneren Unterschiedlichkeiten größer sind. Aber der tibetische Buddhismus hat dieser Versuchung standgehalten. Gelehrte sehen nicht auf Yogis herab und Yogis umgekehrt auch nicht auf die Gelehrten. Es gibt keine Rivalitäten zwischen Mönchen und Laien, sondern vielmehr ein vollständiges Miteinander. Es gibt vier verschiedene Schulen, von denen jede einzelne auf ihre eigene Tradition stolz ist und ihr gläubig anhängt, aber alle sind von einer tiefen gegenseitigen Höflichkeit erfüllt. Selten führen Meinungsverschiedenheiten zwischen ihnen zu offener Kritik, noch seltener zu Feindseligkeit. Im Verlaufe meines Kontaktes mit Lamas aller Schulen hörte ich niemals, wie beispielsweise ein Nyingma-Lama die Tradition der Gelugpa ernsthaft kritisiert hätte oder umgekehrt. Natürlich sind es Menschen, und gelegentlich witzelt der eine auf Kosten des anderen. Ich erinnere mich an einen Gelugpa-Witz über das Nyingmapa-*wong* – die tantrische Initiation –, der darauf abhob, daß die Nyingmapa sehr wirkkräftige, esoterische *wongs* besitzen, die die Gelugpa nicht haben: Sie hätten ein derart übermächtiges *wong*, das man an andere weitergeben kann, ohne es selbst praktiziert zu haben. Um diesen Humor würdigen zu können, muß man die tibetische Einstellung zu den *wongs* kennen; der entscheidende Punkt ist, daß der Witz im Geiste der Freundschaft gemacht wird.

Die Toleranz der Tibeter erstreckt sich auch auf Nicht-Buddhisten. Manchmal sind Tibeter ziemlich geschockt, wenn sie nach Indien kommen und dort zum ersten Male christlichen Missionaren begegnen. Sie trauen oft ihren Ohren nicht. Wenn sie hören, wie ein Christ den Buddhismus kritisiert, betrachten sie dies als Kritik an der Religiosität in jeder Form, etwas, was sie selbst niemals tun würden. Sie sind der freien Äußerung hinsichtlich religiöser Unterschiede nicht abgeneigt, aber im tibetischen Buddhismus werden derartige Differenzen stets in höflicher Form abgehandelt. Ich erinnere mich an einen jungen Lama, der mich 1959, kurz nach Einsetzen des Flüchtlingsstroms, in Kalimpong besuchte und mir erzählte, er habe soeben entdeckt, daß Kommunismus und Christentum ein und dasselbe wären. Als ich ihn befragte, wie er zu diesem Schluß käme, erklärte er mir, er habe soeben einige christliche Missionare auf dem Markt predigen hören (was sie jede Woche taten), und dabei hätten sie eifrig Buddhismus und Hinduismus angeprangert. In Lhasa hatte der junge Lama zuvor chinesische Kommunisten gehört, die den Buddhismus mit genau denselben Worten bedachten. Daher seien offensichtlich Kommunismus und Christentum das gleiche.

Davon können westliche Buddhisten einiges lernen. Als lebendige Tradition ist der Buddhismus im Westen noch sehr jung. Anfänglich hatten wir ein bißchen Theravāda, dann kam ein wenig Mahāyāna hinzu, wozu auch Zen gehört, und in neuerer Zeit sind der tibetische Buddhismus, sowie der Tantrismus stark beachtet worden. Der Buddhismus im Westen wird und soll sich nicht auf eine dieser Traditionen begrenzen – er wird aus allen eine Synthese bilden. Aber wir wollen nicht nur ein bloßes Durcheinander. Vielleicht können wir vom tibetischen Buddhismus lernen, wie man eine harmonische

Synthese der unterschiedlichen Elemente der gesamtbuddhistischen Tradition herstellt. Offensichtlich wird dies nur mit gegenseitigem Respekt und Toleranz zu erreichen sein, auch dies können wir von den Tibetern lernen. Wir dürfen nicht erwarten, daß alle westlichen Buddhisten den Buddhismus auf die gleiche Weise sehen. Das müssen wir akzeptieren und dennoch zusammenarbeiten. Wir müssen unsere Differenzen im Lichte des einen Ideals, des einen Ziels, das wir alle akzeptieren, der Erleuchtung und der Buddhaschaft, versöhnen.

Niemand kann sagen, was die Zukunft für Tibet bringt. Aber wir im Westen haben die Möglichkeit, wenn auch zögernd, in die Fußstapfen der Tibeter zu treten. Sie haben in der Vergangenheit eine großartige und reiche Synthese der gesamten buddhistischen Tradition zustande gebracht. Wenn wir dies fertigbringen, wird der westliche Buddhismus, obwohl er auf vergleichsweise wenige Menschen beschränkt ist, ebenso reich und glanzvoll wie der Buddhismus in Tibet werden.

Index